带着责任
去上班

赵凡◎著

广东旅游出版社
GUANGDONG TRAVEL & TOURISM PRESS
悦读书·悦旅行·悦享人生

中国·广州

图书在版编目（CIP）数据

带着责任去上班 / 赵凡著. — 广州：广东旅游出版社，2017.3
（2024.8重印）

ISBN 978-7-5570-0740-9

Ⅰ. ①带… Ⅱ. ①赵… Ⅲ. ①企业 - 职工 - 职业道德 Ⅳ. ①
F272.92

中国版本图书馆CIP数据核字（2017）第023276号

带着责任去上班

DAI ZHE ZE REN QU SHANG BAN

出 版 人	刘志松
责任编辑	李 丽
责任技编	冼志良
责任校对	李瑞苑

广东旅游出版社出版发行

地 址	广东省广州市荔湾区沙面北街71号首、二层
邮 编	510130
电 话	020-87347732（总编室） 020-87348887（销售热线）
投稿邮箱	2026542779@qq.com
印 刷	三河市腾飞印务有限公司
	（地址：三河市黄土庄镇小石庄村）
开 本	710毫米 × 1000毫米 1/16
印 张	13
字 数	187千
版 次	2017年3月第1版
印 次	2024年8月第2次印刷
定 价	58.00元

序　言
Preamble

在我们的日常生活中，常常能听到有人这样说：

"一个月只有这么点钱，凭什么要做那么多工作？"

"我不过是在为老板打工，干吗那么拼命？"

"什么好处都是领导的，我一个小小职员干那么多事有什么用？"

"只要能对得起薪水，上班干活，下班走人，天经地义。"

"这又不是我分内的事，谁爱干谁干。"

这种将上班等同于领薪水的想法，在现代社会的年轻人中非常普遍。他们将工作视为一种等价交换，认为上一天班，公司就该付一份报酬，仅此而已。他们忽略了薪水之外的价值，更看不到这份工作对于人生的意义。当他们对这份工作没有了热情，就开始在工作中采取随便应付的态度，不能真正负起责任，久而久之，在一定程度上，就会毁了他们的前程。

薪水只是回报上班的一种形式，它不能完全体现出工作的价值。对待工作应该持有一种态度，那就是责任。责任与薪水看似无关，其实关系很密切。当一个人带着责任去上班、去工作，每天尽职尽责，把自己的工作做好，久而久之，养成习惯，就很容易得到上级的青睐、机会的垂青。那么，升职、加薪也就是水到渠成的事情了。

所以，要改变自己的心态，不要总是为了薪水而上班，而是带着责任去上班。

只有带着责任去上班，你才能更好地工作；只有带着责任去上班，你才能实现自己的价值；只有带着责任去上班，你才能真正认识到工作的价值。

　　本书就是从这个角度出发，带领读者认识责任，让读者以主人翁的心态来对待自己的工作，从而能够实现自己的价值，成就自己的人生！

目 录 CONTENTS

第1章 上班，薪水只是一部分

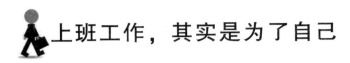

上班工作，其实是为了自己

美国钢铁大王卡内基说过："为我工作的人，要具备成为合伙人的能力。如果他不具备这个条件，不能把工作当成自己的事业，我是不会考虑给这样的年轻人机会的。"

在现实生活中，我们经常会听到很多年轻人这样说："一个月只有这么点钱，凭什么要做那么多工作？""我不过是在为老板打工，干吗那么拼命？""只要能对得起薪水，上班干活，下班走人，天经地义。""这又不是我分内的事，谁爱干谁干。"这种将工作等同于薪水，认为自己不过是在为老板打工的观念，在现在的年轻人中相当普遍。他们本来有着丰富的知识、不错的能力，同时也有很大的潜力，却因为狭隘的观念，认为工作只是一种简单的雇佣关系，只要每月能拿到薪水，做多做少、做好做坏，对自己的意义不大，只要达到要求，无愧于心就行了。未曾想，正是这样一种观念，使他们错失了人生中最宝贵的成功机会，使自己的一生从此与成功无缘。因此，每一个工作的人都应该问问自己：我到底是在为谁工作？如果不在年轻的时候弄清这个问题，此后的一生或许只能碌碌无为。

英特尔前总裁安迪·格鲁夫在一次对大学生的演讲中说道："不管你在哪里工作，都别把自己当成员工，应该把公司看作自己开的一样。你的职业生涯除你自己外，全天下没有人可以掌控，这是你自己的事业。"

把工作当作自己的事业，使你在掌握实践机会的同时，能够为自己的工作担负起责任。树立为自己打工的职业理念，在工作中培养自己的企业家精神，能够让自己更快地在事业上取得成功。

　　小李高中毕业后随哥哥到南方打工，哥儿俩在码头的一座仓库里找到了工作——给人家缝补篷布。小李很能干，工作认真，做的活儿也特别精细，当他看到别人丢弃的线头碎布后便会随手拾起来，留作备用，好像这个公司是他自己开的一样。

　　一天夜里，暴风雨骤起，小李急忙从床上爬起来，拿起手电筒就冲到了大雨中。这时，他哥哥不仅不在他的呼唤下一同前去，还一个劲儿地劝他不要那么傻。

　　在露天仓库里，小李查看了一个又一个货堆，加固被掀起的篷布。这时，老板正好开车过来，只见小李已经成了一个水人儿。

　　当老板看到货物完好无损时，当场表示要给小李加薪。小李说："不用了，我只是看看我缝补的篷布结不结实。再说，我就住在仓库旁边，顺便看看货物只不过是举手之劳。"

　　老板见小李如此诚实、如此有责任心，就让他到自己的另一个公司当经理。公司刚开张，需要招聘几个文化程度高的大学毕业生当业务员。小李的哥哥跑来找小李，说："你现在当经理了，给哥也弄个好差事吧。"小李深知哥哥的个性，直接回绝道："我现在当了经理更要为公司负责。你不行。"哥哥说："看大门也不行吗？"小李说："不行。你没有责任心，更不会把公司的活儿当成自己家里的干。"哥哥说："真傻，这又不是你自己的公司。"不料，小李却说："就是你这样的想法让你跑来找我，公司是不是我的并不重要，但我可以把它当成我的去干，并干好它。"

几年后，小李成了一家公司的总裁，他哥哥却还在码头上替人缝补篷布。

这就是为自己工作和为别人工作的区别！

无论你在什么样的公司工作，都要把自己当作公司的主人，而不仅是为老板工作的仆人。要知道，你不是在为老板打工，而是在为自己打工。当你具备做主人的心态时，你就会把公司的事当作自己的事来做，你离成功也就越来越近了。

事实上，把公司当作自己的，能够让你拥有更大的挥洒空间，更多的实践和锻炼机会；为自己工作，能够让你在工作岗位上更主动、更积极地处理各项事务，不断开创新的工作机会和发展空间。

工作的全部，不只是薪水

现在很多年轻人将工作视为一种等价交换，他们认为，我为公司干活，公司付我一份报酬，仅此而已。他们看不到工资以外的价值，更看不到工作本身对于自己的意义。他们现在的工作与在校时的理想差距很大，事业心因此受挫，没有了热情。但为了生存又必须工作，所以在工作中总是采取一种应付的态度，不能在工作中真正负起责任，不愿多干哪怕超出工作时间一分钟的活，他们只想对得起自己目前的薪水，却从未想过是否对得起自己将来的薪水，甚至是将来的前途。

某公司的一位员工，在公司工作了10年，薪水一直未涨。一天，他终于忍不住内心的不平，向老板诉苦，要求老板给他加薪。老板直言道："你虽然在公司待了 10 年，但你的工作经验却不到 1 年，能力也只是新手的水平。"

这个可怜的员工在他最宝贵的 10 年青春中，除了得到 10 年的新员工工资外，其他一无所获。或许老板对这个员工的评价失之偏颇，毕竟他在公司待了 10 年，但我们更有理由相信，在当今这个日益开放的社会，这个员工能够忍受 10 年的低薪和持续的内心郁闷而没有跳槽到其他公司，足以说明他的能力的确没有得到更多公司的认可。换句话说，他的现任老板对他的评价应该是中肯的。

这便是只为薪水而工作的结果！

生活中，我们常能看到一些人因为不满足于自己目前的薪水而不认真工作，频繁跳槽，结果将比薪水更重要的东西都丢光了，到了感叹岁月不饶人时，连本应得到的薪水也可能得不到了。

试想，一个人如果总是为自己到底能拿多少薪水而大伤脑筋的话，他又怎么能看到薪水背后的成长机会呢？他又怎么能在工作中获得比薪水更重要的技能和经验呢？他的人生价值又靠什么体现呢？

一个只会为自己的懒惰和无知寻找理由的人，一个总是埋怨老板对他的能力和成绩视而不见的人，一个开口闭口老板太吝啬的人，一个认为自己付出再多也得不到相应回报的人……只会逐渐将自己困在装有薪水的信封里，永远也不会懂得自己真正需要什么。

不要担心自己的努力会被忽视。要相信大多数的老板之所以能坐上老板的位置，一定有他们超出常人的地方，也就是说，他们最不缺的或许就是明智和判断力。为了最大限度地提高公司的利润，他们无疑很乐意按照工作业绩和努力程度来晋升积极进取的员工，他们无一不喜欢那些在工作中尽职尽责、坚持不懈的人——而每一个公司也都需要这样的人。

纵使我们发现我们的老板并不是一个有判断力和明智的人，且很少能注意到我们所付出的努力，也从来不给予我们相应的回报，那也不用懊丧，我们可以换一个角度来想：现在的努力并不是为了现在就得到回报，而是为了可以在工作中学到更多。我们投身于现在的工作自然多半是为了现在的生活，但人生并不是只有现在，我们还有更为长远的未来。

年轻人对于薪水常常缺乏更深入的认识和理解，也是一件很正常的事，毕竟在一定程度上薪水就代表着自己目前工作的回报。但也只是一种回报而已，并不能代表自己的全部价值。因此，刚刚踏入社会的年轻人更应该珍惜工作本身带给自己的"报酬"。要知道，你的老板可以控制你的工资，可是无法遮住你的眼睛，捂上你的耳朵，阻止你去思考、去学习。换句话说，他无法阻止你为将来所做的努力，也无法剥夺你因此得到的回报。要知道，越是艰难的任务越能锻炼你的意志，越是具有开拓性的工作越能拓展你的才能，越是恶劣的工作环境越能培养你的人格，越是细琐的事务越能显出你的品质。

我们从校园走出来，参加工作，公司和单位便是我们成长中的另一所学校，它丰富了我们的经验，锻炼了我们的技能，增长了我们的智慧。与这些相比，我们每个月从公司领到的薪水算得了什么？

公司支付给我们的是金钱，工作赋予我们的却是可以令我们终身受益的能力。能力显然比金钱重要万倍，因为它不会遗失也不会被偷。许多成功人士的一生跌宕起伏，有攀上顶峰的兴奋，也有坠落谷底的失意，但最终能重返事业的巅峰，创造人生中一个又一个新的高度，原因何在？因为有一种东西永远伴随着他们，那就是能力。他们所拥有的能力，无论是创造力、决策力还是敏锐的洞察力，并不是一开始就有，更不是一蹴而就，而是在长期的工作中积累和学习得到的。

我们虽不能左右老板的思维，但可以让自己按照最佳的方式行事；我们虽不能要求老板明察秋毫，但可以让自己认真去工作；我们虽不能让老板对我们负责，但可以在工作中自己对自己负责。

薪水只是工作的一种回报方式，并不能完全体现目前工作的价值，也不能完全体现你目前的价值。如果你只想为了薪水而工作，那也应该是为了将来的薪水而工作。如果只顾眼前，只盯着每个月的工资，不能使自己在工作中得到很好的锻炼，或许你可以轻易地领到眼前那点儿薪水，却最终会毁了自己的未来。

工作可以让你实现自己的价值

在工作中，一个人只有在追求自我实现的时候，才会迸发出持久、强大的热情，才能最大限度地发挥自己的潜能，最大程度地实现自我的价值。

据统计，比尔·盖茨的财产净值已达到了 900 亿美元。假如他和他的家人每年用掉一亿美元也要 900 年才能用完这些钱，这还不包含这笔巨款带来的巨大利息。那他为什么还要每天积极地投入工作呢？

著名电影导演斯蒂芬·斯皮尔伯格的财产净值估计为 10 亿美元，虽没有比尔·盖茨那么富有，但也足以让他在余生享受十分优裕的生活，但他为什么还要不停地拍片呢？

美国 Viacom 公司董事长萨默·雷石东通在 63 岁时开始着手建立一个庞大的娱乐商业帝国。63 岁，在多数人看来是该颐养天年的时候，他却在此时做了个重大的决定，让自己重新回到工作中去。而且，他的一切都在围绕 Viacom 转，工作日和休息日、个人生活与公司之间没有任何界限，有时甚至一天工作 24 个小时。这样的工作劲头儿，他是哪里得来的？

在我们的生活中，这样的例子不胜枚举。那些拥有了巨额"薪水"的富豪，不但每天积极地投入工作，而且工作得相当卖力。难道他们是为了钱吗？

如果不是，那是为了什么？

关于这个问题，我们或许可以在萨默·雷石东的话里找到答案，他说："实际上，钱从来不是我的动力。我的动力是对于我所做的事的热爱，我喜欢娱乐业，喜欢我的公司。我有一种愿望，就是要实现生活中最高的价值，尽可能地实现。"

是的，正是这种自我实现的热情，使他们热衷于他们所做的事业，使他们在他们所热衷的事业中取得巨大成功后，仍然一丝不苟地继续投入他们的事业。他们就像一个全身挂满冠军奖章的赛车手，尽管已经知道自己超出对手很远，但脚不会离开油门，他们爱自己创造出来的速度，而并非单纯为了名和利。

对此，有心理学家发现，对大部分人而言，拥有的金钱在达到某种程度之后就不再诱人了。因为金钱终究只是为人服务的，而人生追求的不仅仅是满足生存的需要和物质的享受，还有更高层次的精神需求。在这方面，"自我实现"的需要层次最高，动力也最强。

一个自我实现意识很强的人，往往会把工作当作是一种创造性的劳动，会竭尽全力去做好它，使个人价值得到最大限度的实现。一个将工作视为实现自我价值的人，会在工作中发挥最大的才华、能力和潜能，不断创造和发展，并会最终满足自我实现的需要。

当然，我们谈的不是瞬间的自我实现，而是可以驱使一个人达到不凡成就的自我实现，这种自我实现需要一种热情，一种对于事业前程持久的热情。若与被薪水所驱动的那些人相比，为满足"自我实现"这一人类最高需求而奋斗的人只占少数，对工作保持持久的热情在一般人当中就像钻石般少有。然而，在筑梦者和成功者当中，这种热情却很普遍。

我们常说，热情是梦想飞行的必备燃料。热情驱使着世界上每一位最杰出的人，使他们追求"自我实现"且在他们所迷恋的领域里达到人类成就的巅峰，推动着社会和时代的进步。

让自己也拥有这种热情吧！让它持久地在你的工作中为你积蓄力量，创造价值，实现自我。如果你还没有达到自我实现的境界，也不要麻痹自己——认为工作就是为了赚钱。不要对自己说："既然老板给的少，我就少干，没必要费心地去完成每一个任务。"或者安慰自己："算了，我技不如人，能拿到这些薪水也知足了。"而应该牢记，金钱只不过是许多种报酬中的一种，你所追求的是自我提高，你必须充满热情地去工作，正如你必须充满热情地去生活。

缺乏热情会让你变得消极、失去信心、不懂得珍惜，甚至失去自我，而消极的思想会让你发挥不出自己的潜力，失去信心会让你失去前进的动力，不懂得珍惜工作机会会让你浪费更多宝贵的时间，失去自我会让你与成功失之交臂，永远无法实现自己的人生价值。

工作的最大受益者是自己

生活中，我们经常会听到一些人抱怨自己的工作枯燥、卑微，因而轻视自己所从事的工作，无法全身心投入工作。他们在工作中敷衍了事，做一天和尚撞一天钟，从来不愿多做一点儿事，但在玩乐的时候却是兴致高昂，领工资的时候争先恐后。他们将大部分心思都用在如何摆脱目前的工作环境上，不想在工作中付出，总想避开工作中棘手的事，希望轻轻松松地拿到自己的工资，只享受工作的益处和快乐。

　　美国独立联盟主席杰克·弗雷斯从 13 岁起就开始在他父母的加油站工作。弗雷斯起初想学修车，但他父亲却让他在前台接待顾客。当有汽车开进来时，弗雷斯必须在车子停稳前站到司机门前，然后去检查油量、蓄电池、传动带、胶皮管和水箱。

　　弗雷斯在工作中注意到，如果他的活儿干得好，顾客大多还会再来。于是，弗雷斯每次总是多干一些，比如帮助顾客擦去车身、挡风玻璃和车灯上的污渍。

　　有一段时间，每周都会有一位老太太开着她的车来清洗和打蜡。这辆车的车内踏板很难打扫，而且这位老太太每次都将它弄得很脏，人还极难打交道。每次当弗雷斯将车清洗好后，她都要仔细检查好几次，并让弗雷斯重新打扫，直到自己满意为止。

　　终于有一次弗雷斯忍无可忍，不愿意再侍候她了。

　　这时，他的父亲告诫他说："孩子，记住，这就是你的工作！不管顾客说什么或做什么，你都要记住做好你的工作。"

　　父亲的话让弗雷斯大为震动，许多年以后他仍不能忘记。

　　弗雷斯说："正是在加油站的工作使我学到了严格的职业道德和应该如何对待顾客，这些东西在我以后的职业生涯中起到了非常重要的作用。"

看完这个故事，那些在求职时念念不忘高位、高薪，却不能接受工作中的辛劳、枯燥的人；那些在工作中推三阻四，寻找借口为自己开脱的人；那些不能尽力满足顾客要求，不想尽力提供超出客户预期服务的人；那些失去激情，任务完成得十分糟糕，总有一堆理由抛给上司的人；那些总是挑三拣四，对自己的工作环境、工作任务不满意的人，是不是都应该对自己说一声"记住，这是你的工作"呢？记住，丰厚的物质报酬和巨大的成就感永远是与付出的辛劳、战胜的困难成正比的。

我们知道，人都有趋利避害、拈轻怕重的本能。若接到搬钢琴的任务，多数人会自告奋勇地去拿轻巧的琴凳。但我们是在工作，不是在玩乐！既然选择了这个职业，选择了这个岗位，就必须接受它的全部，而不是只享受它带来的益处和快乐。就算是屈辱和责骂，那也是这个工作的一部分。如果一个清洁工人不能忍受垃圾的气味，他能成为一个合格的清洁工吗？如果一个推销员不能忍受客户的冷言冷语和脸色，他怎能创下优秀的销售业绩呢？

每一种工作都有它的辛劳之处。体力劳动者，会因为工作环境不佳而感到劳累；在窗明几净的办公室里工作的人，会因为忙于协调各种矛盾而身心疲惫；居于高位的领导者，则背负着公司内部管理和企业整体运营的压力……但他们正因为如此，在工作出现佳绩的同时也享受到了相应的报酬和快乐。

而那些只想享受工作的益处和快乐的人，是无法体会工作带给他的快感的。他们在喋喋不休的抱怨中、在不情不愿的应付中完成工作，必然享受不到工作的快乐，更无法得到升职加薪的快乐。

记住，这是你的工作！我们应该把这句话永远记在心上。不要忘记工作赋予你的荣誉，不要忘记你的责任，更不要忘记你的使命。坦然地接受工作的一切，除了益处和快乐，还有艰辛和忍耐。因为这是你的工作，与你的老板、同事、工作对象没有任何关系，他们不能真正帮助你，同样，在你工作得很起劲时，他们也不能真正阻止你。你的事业和前程在自己手中，在你所干的每一份工作中。

工作中没有足够好，只有更好

在工作中，不满足于尚可的工作表现，要做得更好，你才能成为不可或缺的人物。现代企业中，普遍存在着这样一种人，他们认为自己什么都做了，当任务完成得不理想时，他们会习惯性地说："我已经做得够好了。"在工作中习惯于说自己"做得够好了"的人不仅对工作不负责任，对自己也不负责任。其实，每个人的身上都蕴含着无限的潜能，如果你能在心中给自己定一个较高的标准，激励自己不断超越自我，那么你就能摆脱平庸，走向卓越。

　　小赵在一家大型建筑公司任设计师，常常要跑工地，还要根据不同老板的要求修改工程细节，异常辛苦，但她仍然认认真真地去做，毫无怨言。她给自己立下了一条规则——"要做就做好，否则就不做"。

　　有一次，老板安排她为客户做一个设计方案，时间只有三天。接到任务后，小赵看完现场，就开始工作了。这三天，她都在一种异常兴奋的状态下度过的。她废寝忘食，满脑子都想着如何把这个方案弄好。她到处查资料，虚心向别人请教。三天后，她把设计方案交给了老板，并得到了老板的肯定。因工作认真，现在小赵已是公司里的红人了。老板不但提升了她，还把她的薪水翻了3倍。

　　后来，老板告诉她："我知道给你的时间很紧张，但我们必须尽快把设计方案做出来。如果当初你因此推掉这个工作，我可能会把你辞掉。你表现得非常出色，我最欣赏你这样工作认真的人！"

任何一个老板都希望能拥有更多优秀的员工，而很少有老板能忍受那些表现平平却自以为是的员工。现实中，老板根据员工在平时工作中的表现决定给谁升职或者加薪，是一件很平常的事。如果你想使自己在工作中不断"升值"，首先要放弃的是"拿多少钱，做多少事"的想法。这个道理很简单，你觉得自己只拿了一千块钱的工资，便只做一千块钱的事，反过来，你的老板则会因你只是在做着一千块的事，而只给你一千块钱的工资。促成这种平庸"交易"的最大原因，便是你没有给你的老板为你加薪和升职的理由，但若你拿一千块的钱，做了一万块钱的事，那情况自然会大不同了。

彼得现在是一家公司的老板，可以前他只是一个普通的推销员。他奋起的动因是他在一本书上看到的一句话：每个人都拥有超出自己想象的 10 倍以上的力量。在这句话的激励之下，他反省自己的工作方式和态度，发现自己错过了许多可以和顾客达成交易的机会。于是，他制订了严格的行动计划，并付诸行动。两个月后，他发现自己的业绩已经增加了两倍。

数年以后，他拥有了自己的公司，在更大的舞台上检验着这句话。

每个人的潜力都是无穷的，如果你现在仍觉得自己表现平平，那一定是因为你的潜力还没有得到很好的挖掘。如果你满足于自己在工作中尚可的表现，那你也只能落入平庸者之列。事实上，面对激烈的竞争，即使甘于平庸，也不一定能获取想要的安逸。

满足自己尚可的表现，是你通向卓越的最大障碍。事物永远没有"足够好"的时候，只有把它"做到更好"才能真正成功。无论客户、上司还是老板，真正存心挑剔你的时候并不多，他们提出的要求，大多是由于某种正当的需要。上司怕工作质量差而影响业绩，老板则更是迫于市场的巨大压力而鼓励员工不断上进。他们因为无法对市场说"我已经做得够好的了"，因此也希望你不要对他们说："我已经做得够好的了。"市场是无情的，有时你可能只比竞争对手稍逊一点点，却会被淘汰出局。

当你在工作中积极进取，把尚可的工作成绩当成前进的基石，不断提高自己时，你的一切就会随之改变。

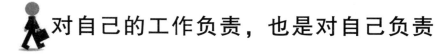

对自己的工作负责，也是对自己负责

松下幸之助曾说："责任心是一个人成功的关键。对自己的行为负责，独自承担哪怕是这些行为最严重的后果，正是这种素质构成了伟大人格的关键。"事实上，当一个人养成了尽职尽责的习惯后，无论从事任何工作都会从中发现工作的乐趣，并在这种责任心的驱使下，使自己的工作能力和成功几率大幅度提高。

李华利是一名毫不起眼的理发师。他的理发店在街角最不起眼的地方，却顾客盈门。理由很简单：这里面有一位很好的理发师。他总能把顾客的头发剪出最好的效果。如果能够拥有一个好发型和一份好心情，在路上多花一点时间又有什么关系呢？不仅如此，他的客人还向自己的家人和朋友推荐这家理发店。久而久之，李华利的理发店名声大振，成为这个城市中首屈一指的理发店。

后来，李华利招收了一批小学徒。在每次教授技艺的时候，李华利总是不忘说这样一句话：记住，每一刀剪下去都要负责任。这句话也是在李华利正式做学徒的那一天师傅对他说的第一句话。

工作就意味着责任。每一个职位所规定的工作任务就是一份责任。你从事这份工作就应该担负起这份责任。我们每个人都应该对所做的工作充满责任感。责任感与责任不同。责任是指对任务的一种负责和承担，而责任感则是一个人对待任务、对待公司的态度。

一个人责任感的强弱决定了他对待工作是尽心尽责还是敷衍了事。如果你在工作中对待每一件事都尽职尽责，出现问题也绝不推诿，那么你将赢得足够的尊敬和荣誉。

生活中，我们常常认为只要准时上班，按时下班，不迟到、不早退就是对工作负起责任了，就可以心安理得地去领工资了。其实，光做到这些，还远远不够。一个人无论从事何种职业，都应该有责任感，敬重自己的工作，在工作中表现出忠于职守、尽心尽责的精神，这才是真正的敬业。

社会学家戴维斯说："放弃了自己对社会的责任，就意味着放弃了自身在这个社会中更好的生存机会。"当我们对工作充满责任感时，就能从中学到更多的知识、积累更多的经验，就能从全身心投入工作的过程中找到快乐。这种习惯或许不会有立竿见影的效果，但可以肯定的是，当懒散敷衍成为一个人的习惯时，他做起事来往往就会不实诚。这样，人们最终必定会轻视他的工作，从而轻视他的人品。

有一位母亲和两个女儿，母女三人相依为命，过着简朴而平静的生活。后来，母亲不幸病倒，家里的经济状况开始恶化起来。这时候，大女儿珍妮决定出去找工作，以维持家庭生计。

她听说离家不远的地方有一片森林，里面充满着幸运。她决定去碰碰运气。

如传说的那样，一切都很幸运。当她在森林中迷失方向、饥寒交迫的时候，抬眼一看，自己已不知不觉中来到了一间小屋的门前。

一跨进门，她就吃惊地缩回了脚，因为她看到了屋内杯盘狼藉、满地灰尘的场面。可珍妮是一个喜欢干净的姑娘，等她的手一暖和过来，就开始整理房子。她洗了盘子，整理了床，擦了地。

过了一会儿，门开了，进来12个她从没见过的小矮人。他们对屋里焕然一新的环境十分惊讶。珍妮告诉他们，这一切都是她做的。她妈妈病了，她出来找工作，想在这里歇歇脚。

小矮人们非常感激。他们告诉她，他们的仙女保姆去度假了。由于她不在，房子变得又脏又乱。现在他们需要一个临时保姆。

珍妮高兴极了，她马上表示愿意当他们的临时保姆。

工作生涯开始了。第二天，珍妮早早地起床，给主人们做早餐，打扫屋子，手脚勤快，工作认真。

第三天、第四天也是如此。

到了第五天的时候，珍妮透过厨房的窗子看到了美丽的森林风景。"对了，自从来到这里，我还没有见过白天森林的景色。出去看看吧。"珍妮对自己说道。

一切都是那么新奇。珍妮在外面玩了整整两个小时。回到屋里的时候，太阳已经快落山了。她急急忙忙地跑去厨房准备晚饭。另外还有一件重要的事情——打扫地毯和地毯下面的灰尘。但由于时间太短，她决定不打扫地毯下面的灰尘了。"反正地毯下面没人看得见，有点儿灰尘也没有关系。"

一切都非常顺利，小矮人回来后，并没有发现什么。

又过了一天，珍妮又跑出去玩，又没有打扫地毯下的灰尘。"我每周清理一次灰尘就可以了。"珍妮对自己说道。

又过了五天，小矮人们也没有说什么。用过晚餐，他们聚在一起打扑克。其中有一个小矮人丢了一张牌，他们到处找都没有找到。这时候，有一个小矮人开玩笑地说："说不定那张牌钻到地毯下面去了。"

很不幸的是，有人相信了他的话，他们揭开了地毯，看见了灰尘满地的地板。

结局如人所料，幸运之神不再眷顾珍妮，她丢掉了这份工作，离开了森林，只得开始寻找下一份工作。在深深的懊悔中，她开始明白：就算机会垂青，工作机遇降临身上，也要有责任心，也要百分之百地完成自己的工作。这样才算真正地掌握了机会，利用了机会。

这是一个在美国的故事书中经常出现的故事。很多人都知道，同时也有很多人从这个故事中领悟到了生活和工作的真谛。他们内心平衡，不会因为看到某个人在一夜之间成功就说："他们是上帝的宠儿，是机遇让他们成功的。"他们能够更清楚地看待成功的本质，认为成功取决于个人品质。

责任感是我们战胜工作中诸多困难的强大精神动力，它使我们有勇气排除万难，甚至可以把"不可能完成"的任务完成得相当出色。一旦失去责任感，即使是做自己最擅长的工作，也会做得一塌糊涂。

或许有人会说，只有公司管理人才需要很强的责任感，而自己只是一名普通员工，只要把事情做完了就行了。事实上，企业是由众多员工组成的，或许因为分工不同、岗位不同，职责也不尽相同，但每一个人都负载着企业生存与兴盛的责任，因此无论职位高低都必须具有很强的责任感。

一个缺乏责任感的员工，不能将企业的利益视为自己的利益，很难处处为企业利益着想。这样的人在任何一个企业都是可有可无的，即使自己不辞职，也随时都有可能被解雇。

一个有责任感的员工，不仅会认真完成自己分内的工作，而且会时时刻刻为公司着想。这样的人，在任何一个公司都会被需要，都会得到其他人的信任和尊重。事实上，只有那些能够勇于承担责任并具有很强责任感的人，才有可能被赋予更多的使命，才有资格获得更大的机遇和荣誉。

对待工作，是充满责任感并且尽自己最大的努力去完成任务，还是敷衍了事，这是事业成功者和事业失败者的分水岭。事业有成者无论做什么，都会尽心尽责，丝毫不放松努力；处处碰壁者无论做什么，都轻率疏忽，一遇到问题就找借口推托。这就是二者最大的区别。

作为现代社会的一分子，面对日益激烈的竞争，无论从事何种工作，缺乏工作责任感，则无异于给自己贴上了一枚失业的标签。对工作负责，就是对自己负责。要知道，职场中容不得半点不负责任，你若不对自己和自己的工作负责，又怎么企求别人对你负责呢？

第2章

没有责任感的员工这样工作

往往会缺乏挑战困难的勇气

许多人虽然具备种种取得成功的能力，却有个致命弱点：对自己不够自信，缺乏挑战困难的勇气。他们以为，要想保住工作，就要去做那些熟悉的事，对于那些颇有难度的事情，还是躲远一点好。所以，当他们面对不时出现的困难工作时，总是一躲再躲，而不敢主动发起"进攻"。如果困难的工作"不幸"轮到自己的头上，则总是想方设法拖延。结果，终其一生，也只是一个平庸的人。

有位哲人说，人生最精彩的章节，并不是你在哪一天拥有了多少金钱，也不是你在哪一刻获得了美妙的爱情，而是你在某一关键的瞬间，咬紧牙关战胜了自我。勇于向"不可能完成"的任务挑战，是一个人事业成功的基础。西方有这样一句名言："一个人的思想决定一个人的命运。"如果你想摆脱平庸的工作状态，拥有精彩卓越的人生，就应当摆脱心灵的恐惧，不断地挑战自我，打破自我限制。

一位老板在描述自己心目中的理想员工时说："我们所急需的人才，是拥有进取精神，勇于向'不可能完成'的工作挑战的人。"所以，敢于向"不可能完成"的工作挑战的"职场勇士"和事事求安稳的"职场懦夫"在老板心目中的地位是截然不同的。

"职场懦夫"永远不要奢望得到老板的垂青。如果你羡慕别人得到了晋升，那么，你一定要明白，他们的成功绝不是偶然的。在复杂的职场中，他们秉持着"挑战不可能完成的工作"这一原则，磨砺生存的利器，不断力争上游，才脱颖而出。

李开复在苹果公司工作的时候，有一天，老板突然问他什么时候可以接替自己承担老板的职责？李开复当时非常吃惊，连忙向老板表示，自己缺乏管理经验和经营能力，还难以担此重任。但是老板说，这些经验是可以培养和积累的，而且，希望他在两年之后就可以做到。有了这样的提示和鼓励，李开复开始有意识地加强在这方面的学习和实践，向自己之前认为"不可能"的工作任务发起挑战。果然，他真的在两年之后接替了老板的工作。

现今享誉全球的麦当劳公司也是在莫里斯·麦当劳和查特·麦当劳两兄弟不向困难屈服，敢于向"不可能"挑战的精神中诞生的。

20世纪20年代，这对有着跳跃之心的"不安分"的小青年毅然告别乡村老家，勇闯美国著名影城好莱坞。

1937年，历经多次挫折的兄弟俩，抱着永不服输的念头，借钱办起了全美第一家"汽车餐厅"，由餐厅服务员直接把三明治和饮料等送到车上——也就是说，麦当劳兄弟二人最初办的是路边餐馆，定位于服务到车、方便乘客的经营方式。由于形式独特，餐厅很快一炮打响，一时间，他们的"汽车餐厅"独领风骚。后来人们纷纷效仿，办"汽车餐厅"的人日益增多，麦当劳兄弟的生意大不如初，而且每况愈下。

在困难面前，兄弟二人没有丝毫的退缩、沮丧和消沉，继续冥思苦想着再一次勇敢超越自己的良策。他们摒弃了原有的"汽车餐厅"的服务理念，转而在"快"字上大做文章，以"想吃花哨和高档的请到别处去，想吃简单实惠和快捷的请到我这儿来"的全新的经营理念吸引了千千万万的顾客蜂拥而来，一举获胜。

兄弟二人并没有满足现状，敢想敢干，继续在"冒尖"和"出奇"上寻找制胜之法。比如，后来推出小纸盘、纸袋等一次性餐具，进行了厨房自动化的革命，不断迎接新的挑战。

麦当劳兄弟正是因为有了这种不断战胜和超越自我的决心和勇气，并将这种决心和勇气付诸实践当中，才使得他们把在一般人眼里已经很好或根本不可能的事，彻底推翻或改写，从而一步步成就快餐业霸主的地位。

如果你也希望像他们一样取得事业上的成功，那么当有一件人人看似"不可能完成"的艰难工作摆在你面前时，就不要抱着"避之唯恐不及"的态度，更不要花过多的时间去设想最糟糕的结局，以致迟迟不敢动手去做。

你首先要对自己有信心。不断重复"根本不可能完成"的念头只会让自己真的不能完成。就像一个高尔夫球员，如果不停地嘱咐自己"不要把球击入水中"，并想象球掉进水中的情形，在这样的心态下，你认为他打出去的球往哪里飞呢？

勇于向"不可能"挑战的精神、信心和勇气，是一个人事业成功的重要砝码。

事实上，我们每个人的身上都蕴含着极大的能量。勇于向不可能的任务挑战，有利于我们不断打破内心的自我限制，充分发挥出自我的潜能。

跳蚤这种动物，有着极强的弹跳力。统计表明，一般跳蚤跳的高度可达它身体长度的 400 倍左右，所以说，跳蚤可以称得上是动物界的跳高冠军。有这样一个实验，把一只跳蚤放进玻璃杯中，它会立即跳出来，再重复几遍，结果仍是如此。接下来，实验人员再次把这只跳蚤放进杯子里，并且立即在杯上加一个玻璃盖，"砰"的一声，跳蚤重重地撞在玻璃盖上。跳蚤感到十分困惑，但是它不会停下来，因为跳蚤的生活方式就是"跳"。一次次被撞后，跳蚤变得聪明起来了，它开始根据盖子的高度来调整自己所跳的高度。过一会儿，跳蚤再也不会撞击到盖子，而是在盖子下面自由地跳动。一个小时后，当实验人员把这个盖子轻轻拿掉后，跳蚤还是根据原来的高度继续地跳；再过几个小时，还是如此。一天以后，这只可怜的跳蚤还在这个玻璃杯里不停地跳跃——其实，它已经无法跳出这个玻璃杯了。

难道跳蚤真的不能跳出这个杯子吗？绝对不是。问题在于，经过几次碰撞，它的心里面已经默认了这个杯子的高度是自己无法逾越的。

在工作中，很多人也有着类似的"跳蚤式"经历，虽屡屡去尝试，但是往往事与愿违，屡屡失败。经过几次碰壁以后，便开始怀疑自己的能力，以为"盖子"已成为自己无法逾越的高度，从而失去了向困难挑战的勇气。在这种心态的作用下，他们不是重整旗鼓，不惜一切代价去追求成功，而是一再地降低成功的标准。因此，当"盖子"掀起的时候，他们已经失去了挑战的勇气，不敢再跳，或者早已习惯了，不想再跳了。他们往往因为害怕成功高度的限制，而甘愿忍受平庸和失败的生活。

心理高度决定事业高度，一个人若想打破平庸的生活模式，实现从优秀到卓越的跨越，首先就要突破心理瓶颈，相信自己，从根本上克服这种无知的障碍，走出"不可能"这一自我否定的阴影，用信心支撑自己完成这个在别人眼中不可能完成的工作。

经常拖延会让你堕入平庸

盛大前总裁唐骏曾说过一句话："比别人勤奋一点点，就能超前别人一大步。"

拖延有很多伪装——懒惰、漠不关心、健忘、难以完成工作，但这种伪装的后面通常有一种情绪：恐惧。恐惧导致拖延，而拖延则会导致更深的恐惧。拖延者常常被工作的分量和复杂性所吓倒，他们害怕自己无法完成任务，结果就会不自觉地把工作一拖再拖。

拖延只会导致一个人堕入平庸。其实，拖延对人的最大危害并不仅仅体现在所拖之事上，它还会侵蚀人的意志和心灵，消耗人的能量，阻碍人的潜能的发挥。处于拖延状态的人，常常陷于一种恶性循环之中不能自拔，最后只能导致问题越积越多。

在一些失败的企业里，拖延是一种普遍现象。比如：琐事缠身，无法将精力集中到工作之上，只有被上司逼着才向前走，不愿意自己主动开拓；反复修改计划，有着极端的完美主义倾向，该实施的行动被无休止的"完善"所拖延；虽然下定决心立即行动，但总是找不到行动的方法；做事磨磨蹭蹭，有着一种病态的悠闲，以致问题久拖不决；情绪低落，对任何工作都没有兴趣，也没有什么人生憧憬。

对一个渴望有所成就的人来说，拖延是最具破坏性的，它是一种最危险的恶习，会使人丧失进取心。一旦遇事开始时就拖延，就很容易再次拖延，直到变成一种根深蒂固的习惯。

另外，喜欢拖延的人往往意志薄弱，他们要么不敢面对现实，习惯于逃避困难，惧怕艰苦，缺乏约束自我的毅力；要么目标和想法太多，导致无从下手，缺乏应有的计划性和条理性；要么没有目标，甚至不知道应该确定什么样的目标。

人的惰性是一种可怕的精神腐蚀剂，它可以让人整天无精打采，生活消极颓废。美国科学家、物理学家、发明家、政治家、社会活动家富兰克林就曾经说过："懒惰就像生锈一样，比操劳更能消耗我们的身体。"而萧伯纳则说："懒惰就像一把锁，锁住了知识的仓库，使你的智力变得匮乏。"

在工作中，因懒惰而拖延是一种最不能得到原谅的行为。思科公司的总裁约翰·钱伯斯先生对此评论说："拖延时间常常是少数员工逃避现实、自欺欺人的表现。然而，无论我们是否在拖延时间，我们的工作都必须由自己去完成。暂时的逃避现实，从暂时的遗忘中获得片刻的轻松，这并不是根本的解决之道。要知道，因为拖延或者其他因素而导致工作业绩下滑的员工，就是公司裁员的必然对象。"

迈克是伦敦一家公司的一名低级职员，他的外号叫"奔跑的鸭子"。因为他总像一只笨拙的鸭子一样在办公室里跑来跑去，即使是职位比他还低的人，都可以支使他去办事。后来，迈克被调入了销售部。有一次，公司下达了一项任务：必须完成本年度500万美元的销售额。

销售部经理认为这个目标是不可能实现的，私下里开始怨天尤人，并认为老板对他太苛刻，为了迫使公司降低年度销售指标，他有意将与之相关的工作计划一拖再拖。

只有迈克一个人在拼命地工作，到离年终还有1个月的时候，迈克已经全部完成了自己的销售额。但是其他人没有迈克做得好，他们只完成了目标的 50%。

　　经理主动提出了辞职，迈克被任命为新的销售部经理。"奔跑的鸭子"——迈克在上任后忘我地工作，他的行为感动了其他人，在年底的最后一天，他们竟然完成了剩下的 50% 的销售额。

　　不久，该公司被另一家公司收购。当新公司的董事长第一天来上班时，他亲自任命迈克为这家公司的总经理。

　　因为在双方商谈收购的过程中，这位董事长多次光临公司，这位"奔跑"的迈克先生给他留下了深刻的印象。

　　"如果你能让自己跑起来，总有一天你会学会飞。"这是迈克传授给他的新下属的一句座右铭。我们常常因为拖延时间而心生悔意，然而下一次又会惯性地拖延下去。几次三番之后，我们竟对这种恶习习以为常，以致轻视了它对工作的危害。

　　1989 年 3 月 24 日，埃克森公司的一艘巨型油轮在阿拉斯加触礁，导致大量原油泄漏，给生态环境造成了巨大破坏，但埃克森公司因一时拿不出面向外界的合理解释，将此事一拖再拖，终于引起众怒，以致引发了一场"反埃克森运动"，甚至惊动了当时的总统布什。最后，埃克森公司因此事直接损失达几亿美元，形象严重受损。

　　其实，拖延并不能使问题消失，也不能使问题变得容易解决，而只会使问题加重，给工作造成严重的危害。无论是公司还是个人，没有在关键时刻及时作出决定或行动，而让事情拖延下去，就会使没解决的问题由小变大、由简单变复杂，像滚雪球那样越滚越大，解决起来也越来越难。

那些经常说"唉，这件事情很烦人，还有其他的事等着做，先做其他的事情吧"的人；那些将"今天该做的事拖到明天，现在该打的电话等到一两个小时以后才打，这个月该完成的报表拖到下个月"的人，总是奢望随着时间的流逝，难题会自动消失或有另外的人解决它，须知这不过是自欺欺人。随着完成期限的迫近，工作的压力反而与日俱增，只会让他们感觉更加疲惫不堪。

如果你希望通过拖延在一个公司混日子，那你就犯了一个大错误。你在工作上的拖延虽能一时侥幸蒙骗住你的雇主，却会使你从此变得更加平庸。优秀的员工做事从不拖延，他们知道自己的职责是什么，在上司交办工作的时候，他们只有两个回答："是的，我立刻去做！"或是："对不起，这件事我干不了。"

商场就是战场，工作如同战斗。要想在商场上立于不败之地，就必须摒弃拖延的恶习，拖延只能导致平庸的结局。所以，请丢掉糊弄工作的态度，从今天开始拒绝一切拖延的习惯。

陷入抱怨的怪圈

人在遭遇不公正待遇时，通常会产生抱怨情绪，甚至会采取一些消极对抗的行为，这是一种正常的反应。但是，如果我们从另外一个角度看，用一种豁达大度的心态来对待它，这何尝不是一种对成功者的考验？

一位朋友计划与一位离过婚的妇女结婚，临到结婚前却放弃了。

"到底发生了什么事？"有人问他。

朋友这样解释道："她总爱诉说前夫的种种缺点——胡说八道、好吃懒做、无所事事、脾气恶劣等，简直一无是处。我想，世界上应该没有一个如此坏的人吧。我突然觉得和她生活下去我会受不了的。于是干脆逃走为妙！"

一个受过良好教育、才华横溢的年轻人抱怨自己在公司里长期得不到提升，言语中流露出对老板的不满。在他眼中，老板只不过是用"敬业"和"忠实"来麻痹员工，作为剥削员工的一种手段。没过多久他就被公司辞退了。

对于生活中那些喜欢抱怨的人，大多数人都会敬而远之；对于在工作中表现消极、喜欢抱怨的人，大多数公司都不会让他留下，更别说给他奖励和晋升的机会了。

生活中的许多失业者，都有一个共同的特点，那就是充满了抱怨。失业的痛苦困扰着他们，使他们觉得自己仿佛被命运挤到了墙角（其实是他们自己走到了命运的墙角），因此只有通过抱怨来平衡自己的内心。然而，这种抱怨的行为恰好说明他们所遭遇的处境是咎由自取。

季某是北京一所名牌大学的毕业生，能说会道，各方面都表现得相当不错。他在一家私营企业工作两年了，虽然业绩很好，为公司立下了汗马功劳，可就是得不到提升。

季某心里有些不舒畅，常常感叹老板没有眼力。一日，和同事喝酒时季某发起了感慨："想我自到公司以来，努力认真，试图在事业上有所成就，我为公司拉来了那么多的客户，业绩也很不错。虽然兢兢业业，成绩人所共知，却没人重视、无人欣赏。"

世上没有不透风的墙，本来老板准备提升季某为业务部经理，但得知季某之言后，心里很不是滋味，后来就放弃了提升他的想法。

季某之所以得不到提升，就在于他不了解老板的心理，而只是一味地从自己的角度来抱怨老板没有识人之能。

抱怨是无济于事的，只有通过努力才能改善处境。人往往就是在克服困难的过程中形成了高尚的品格。相反，那些常常抱怨的人，终其一生，也无法培养出真正的勇敢、坚毅的性格，自然也就无法取得任何成就。不妨想一下，你是喜欢与那些抱怨不已的人为伍，还是喜欢与那些乐于助人、积极向上、值得信赖的人一起共事呢？哪一种同事更受欢迎呢？

在现实中，我们难免会遭遇挫折与不公正待遇，每当这时，有些人往往会产生不满，并开始发牢骚，希望以此吸引别人的注意力，引起更多人的同情。从心理角度上讲，这是一种正常的心理自卫行为。但这种自卫行为同时也是许多老板心中的痛，牢骚、抱怨会削弱员工的责任心，降低员工的工作积极性，这几乎是所有老板一致的看法。

许多公司管理者深受这种抱怨的困扰。一位老板说："许多职员总是在想着自己'要什么'，抱怨公司没有给自己什么，却没有认真反思自己所做的努力和付出够不够。"

对于管理者来说，牢骚和抱怨最致命的危害是滋生是非，影响公司的凝聚力，造成机构内部彼此猜疑、团队士气涣散，因此他们时刻都对公司中的"抱怨者"有着十二分的警惕。

抱怨的人很少会积极想办法去解决问题，不认为主动、独立完成工作是自己的责任，却将诉苦和抱怨视为理所当然。其实，这样的抱怨毫无意义，至多不过是暂时的怨气发泄，结果什么也得不到，甚至会失去更多的东西。一个将自己的头脑装满了过去时态的人是无法容纳未来的。聪明的做法是停止计较过去，不对自己所遭遇的不公正待遇耿耿于怀。

现在一些刚刚从学校毕业的年轻人，由于缺乏工作经验，自然无法被委以重任，工作也不如他们所想象的那样体面。当老板要求他们去做应该负责的工作时，他们就开始抱怨起来："我被雇来不是要做这种活儿的。""为什么让我做而不是别人？"他们对工作丧失了起码的责任心，不愿意投入全部力量，敷衍塞责，得过且过，将工作做得粗劣不堪。长此以往，嘲弄、吹毛求疵、抱怨和批评的恶习，将他们卓越的才华和智慧悉数吞噬，使之根本无法独立工作，最终成为没有任何价值的员工。

一个人一旦被抱怨束缚，不尽心尽力，只是应付工作，在任何单位里都是自毁前程。

原中软国际副总裁林惠春先生说："抱怨是失败的一个借口，是逃避责任的理由。这样的人没有胸怀，很难担当大任。"

抱怨和嘲弄是慵懒、懦弱无能的最好诠释，它像幽灵一样到处游荡，扰人不安。如果你想有所作为，如果你想让自己变得优秀，不妨在遇到不公或是心情郁闷想要发泄时多问一下自己："我抱怨什么？有什么值得我去抱怨的？"然后平静地将答案告诉自己。

把小错不当成是错

只要你仔细观察就会发现，成功者从来不会因为错误小就放过错误，而失败者往往把小错不当成是错。

现实生活中，有很多年轻人好高骛远，不能踏踏实实地工作，工作中出现一些小问题也不愿深究，听之任之。他们认为：如果我所犯的错误性质十分严重，我一定会承认的；如果是芝麻大的一点儿小错，再那么较真儿，就是小题大做，根本没有这个必要。如果你也是这样看待小错误的，那就大错特错了。

巴西海顺远洋运输公司派出的救援船到达出事地点时，"环大西洋"号海轮已经消失了，21 名船员也不见了，海面上只有一部救生电台在有节奏地发着求救的信号。救援人员看着平静的大海发呆，谁也想不明白在这个海况极好的地方到底发生了什么，从而导致这条最先进的船沉没。这时，有人发现电台下面绑着一个密封的瓶子，打开瓶子，里面有一张纸条，用 21 种笔迹这样写着：

一水汤姆：3 月 21 日，我在奥克兰港私自买了一个台灯，想给妻子写信时照明用。

二副瑟曼：我看见汤姆拿着台灯回船，就说了句"这小台灯底座轻，船晃时别让它倒下来"，就没再干涉。

三副帕蒂：3 月 21 日下午船离港时，我发现救生筏施放器有问题，就将救生筏绑在架子上。

二水戴维斯：离岗检查时，发现水手区的闭门器损坏，就用铁丝将门绑牢了。

二管轮安特尔：我检查消防设施时，发现水手区的消防栓锈蚀，心想还有几天就到码头了，到时候再换。

船长麦特：起航时，因工作繁忙，就没有看甲板部和轮机部的安全检查报告。

机匠丹尼尔：3月23日上午，汤姆和苏勒房间的消防探头连续报警。我和瓦尔特进去后，未发现火苗，就判定是探头误报警，拆掉交给惠特曼，要求换新的。

机匠瓦尔特：我就是瓦尔特。

大管轮惠特曼：我说正忙着，等一会儿拿给他们。

服务生斯科尼：3月23日13点到汤姆房间找他，他不在，就坐了一会儿，随手开了他的台灯。

大副克姆普：3月23日13点半，带苏勒和罗伯特进行安全巡视，没有进汤姆和苏勒的房间，只说了句"你们的房间自己进去看看"。

一水苏勒：我笑了笑，并没有进房间，跟在克姆普后面。

一水罗伯特：我也没有进房间，跟在苏勒后面。

机电长科恩：3月23日14点，我发现跳闸了。因为这是以前也出现过的现象，就没多想，只是将闸合上，没有查明原因。

三管轮马辛：闻到空气不好，先打电话到厨房，证明没有问题后，又让机舱打开通风阀。

大厨史若：我接到马辛电话时，开玩笑说，我们在这里有什么问题？你还不来帮我们做饭？然后问乌苏拉："我们这里都安全吗？"

二厨乌苏拉：我也感觉空气不好，但觉得我们这里很安全，就继续做饭。

机匠努波：我接到马辛的电话后，打开了通风阀。

管事戴思蒙：14点半，我召集所有不在岗位的人到厨房帮忙做饭，晚上会餐。

医生英里斯：我没有巡诊。

电工荷尔因：晚上我值班时跑进了餐厅。

最后是船长麦特写的话：19点半发现火灾时，汤姆和苏勒的房间已经烧穿，一切糟糕透了，我们没有办法控制火情，而且火越烧越大，直到整条船上都是火。我们每个人都犯了一点小错误，最终酿成了人毁船亡的大错。

看完这张绝笔纸条，救援人员谁也没说话，海面上死一样的寂静，大家仿佛清晰地看到了整个事故的过程。

现实工作中的失败，常常不是因为"十恶不赦"的错误引起的，而恰恰是那些一个个不足挂齿的"小错误"积累而成的。一位伟人曾经说过："轻率和疏忽所造成的祸患将超乎人们的想象。"排除一些偶发的重大事故与损失，日常工作中由于马虎轻率而导致的小错误则不胜枚举。企业中，许多员工工作积极，接受任务时态度坚决，有很高的志向，却因疏于小节，经常对工作中存在的小问题懒得思考，遗漏的隐患不去弥补，出现的小麻烦不能及时剔除，最终只能在自己所设定的工作目标面前望洋兴叹。

一位勇者发誓要排除万难，攀登一座高峰，于是在众人期待的目光中出发了。然而，最终他却以失败告终。出人意料的是，让他放弃的原因只是鞋中的一粒沙子。

在长途跋涉中，恶劣的气候没有使他退缩，陡峭的山势没能阻碍他前行，难耐的孤寂没有动摇他坚定的信念，疲惫与饥寒没有使他畏惧。不知何时，他的鞋里落入一粒沙，他完全有时间和机会把那粒沙子从鞋里倒出来，可是在勇士眼中，它实在是太微不足道了。的确，比起勇士所遇到的其他困难，那粒沙的存在简直可以忽略不计。然而，越走下去那粒沙越是磨脚，最后每走一步都伴随着刺骨的疼痛，他终于意识到这粒沙的危害了。他停下脚步，准备清除沙粒，却惊异地发现，脚已经被磨出了血泡。沙被清除出去了，可是伤口却因感染而化脓。最后，除了放弃，他别无选择。

工作中任何一个细节出了差错，都会事关全局。牵一发而动全身，每一件细小的事情所产生的后果都会被不断扩大，到那时，它们就不再是微不足道的小事情了。

在一次登月行动中，美国的宇宙飞船已经到达月球却无法着陆，最终以失败而告终。事后，科学家们在查找原因时发现，原来是一节价值仅30美元的电池出了问题。起飞前，工程人员在做检查工作时只重点检查了"关键部位"，却把它给忽略了。结果，一节30美元的电池却让几十亿美元的投资和科学家们的全部心血付诸东流。

没有什么事是不可能的，任何一个小小的错误都有可能引起严重的甚至致命的后果，造成不可挽回的损失。因此，不要以为小错就不是错，应该不断反省和改正这些小的错误。假如你总是无视小错，不去关注它、改正它，那么，失败必然会在离你不远的地方等着你。

轻率，不能脚踏实地地积累

俗语说：罗马不是一天建成的。实现人生的目标也绝非一蹴而就，它是一个不断积累的过程。矢志追求者必须勇于从平凡中崛起，在长期的积累中丰富人生智慧，脚踏实地，一步一步地迈向成功。

在 1984 年的东京国际马拉松邀请赛中，名不见经传的日本选手山田本一出人意料地夺得了冠军。当记者问他是如何取得如此惊人的成绩时，他说了这么一句话：用智慧战胜对手。当时许多人都认为这个偶然跑到前面的矮个子选手是在故弄玄虚。马拉松赛是集体力和耐力于一体的运动，只要身体素质好又有耐性就有望夺冠，爆发力和速度都在其次，说用智慧取胜简直是在开玩笑。于是，当时的报纸充满了对山田本一的嘲讽。

没想到两年后，在意大利国际马拉松邀请赛上，山田本一代表日本参加比赛，这一次，他又获得了冠军。

这次记者又请他谈经验。他回答的仍然是上次那句话：用智慧战胜对手。面对这位名将，这次记者在报纸上没再挖苦他，但对他所谓的"智慧"仍迷惑不解。

10 年后，这个谜终于被解开了，他在自传中是这么说的："每次比赛时，我都要乘车把比赛的线路仔细地看一遍，并把沿途比较醒目的标志画下来，比如第一个标志是银行，第二个标志是一棵大树，第三个标志是一座红房子……这样一直画到赛程的终点。

"比赛开始后，我就以百米冲刺的速度奋力地向第一个目标冲去，等到达第一个目标后，我又以同样的速度向第二个目标冲去。40多公里的赛程，就被我分解成这么几个小目标而轻松地跑完了。起初，我并不懂这样的道理，我把我的目标定在40多公里外终点线上的那面旗帜上，结果我跑到十几公里时就疲惫不堪了，我被前面那段遥远的路程给吓倒了。"

在现实生活中，我们做事之所以会半途而废，其中的原因往往不是此事难度较大，而是觉得成功离我们较远。确切地说，我们不是因为困难而失败，而是因为倦怠而失败。

如果我们按照山田本一的方法和智慧处理生活中的事，一生中也许会减少许多懊悔和惋惜。把目标与日常工作结合起来，这样才能使自己的人生价值得以实现，而不能让自满、消极、得过且过等念头磨损了斗志，一辈子只能做一个可有可无的庸人。

这样的智慧，美国一位老太太也同样拥有。

1960年，美国有位84岁的老太太经过长途跋涉，克服了种种困难，最终从纽约市步行到了佛罗里达州的迈阿密市。老太太的壮举在当时轰动了整个美国，人们为她的成就感到惊叹，也感到不可思议。

在迈阿密市，有位记者采访了她。记者想知道，路途中的艰难是否曾经吓倒过她？她是如何鼓起勇气，徒步旅行的？

老太太答道："走一步路是不需要勇气的，我所做的就是这样。我先走了一步，接着再走一步，然后再走一步，我就到了这里。"

我们也是一样，要实现卓越的人生，就要注重在平时工作中的积累。为了要达成大目标，就要先设定小目标，这样会比较容易实现。许多人会因目标过于远大，或理想太过崇高而轻易放弃，这是很可惜的。若设定了小目标，便可较快获得令人满意的成绩。你在逐步完成"小目标"时，心理上的压力会随之减小，终有一天能完成大目标。

已经去世的网坛名将亚瑟·艾虎大家一定很熟悉。他在生命后期，曾全力与艾滋病抗争，来唤起人们对这个"人类杀手"的重视。

但艾虎的伟大之处并不仅仅在于此。在他之前，网球界一直是白人的天下，艾虎是打破网球界人种限制的第一人。

艾虎的成功是一个不断积累的过程。他的一生可以说是一个不断设定目标并完成的过程。他通过不断订立目标的方法，使自己登上了网球界的王座。他说："我早期的教练常定下清楚明确的目标，这也是我愿意遵循的。这些目标不见得一定要像赢得巡回赛那么重大，而是将一些有待克服的困难、需要努力和做计划的事定为目标。如果能达成这个目标，一定会有某种收获。当然，不是只有赢得巡回赛才可以作为目标的。往往一些小目标一个个地达成后，我自己都会意外地发现，嘿！大奖离我越来越接近了！"

艾虎一直以这种方式参加高难度的比赛。他说："参加巡回赛，你总想能进入复赛。比赛时，你总希望漏接的反手球不超过某个数字。或者是你必须锻炼体力到一定的程度，天气太热时，你才不至于很快就感到疲倦。这一类的小目标，可以帮助你把成为世界第一或赢得巡回赛这类的远大目标分解为几个较易达成的小目标。"

艾虎一生都以这种方式过日子。他实现了一个具体的目标，就再订立一个新的目标。他说："每次你订立一个目标，然后完成那个目标，其实就是一个不断增强自信的过程。"

成功学大师卡耐基说，成功人士和平庸之辈的差别，就在于前者注重积累，注意利用身边的每一件小事锻炼自己，将生活中一个个平凡的目标当成自己实现卓越的阶梯。而平庸之辈只会好高骛远，轻率冒进，或者因为目标过于困难而放弃奋争的勇气。

惧怕未知与挑战，谨小慎微

恐惧导致拖延，而拖延则会导致更深的恐惧。拖延者常常被工作的分量和复杂所吓倒，他们害怕自己无法完成任务，结果就会不自觉地把工作一拖再拖。

这种自卑心理是压抑自我的沉重的精神枷锁，是一种消极、不良的心境。它能消磨人的意志，弱化人的信念，淡化人的追求，使人锐气消减、畏缩不前，从自我怀疑、自我否定开始，并以自我消沉、自我埋没告终。

如果你希望在工作上有所成就，就一定要改变这种缩手缩脚的自卑心理。每个人的潜能都是非常大的，越相信自己，你所能完成的工作就越多，做得也就越好。

勇于冒险，敢于向"不可能完成"的工作挑战，是事业成功的基础。西方有句名言："一个人的思想决定一个人的命运。"不敢向高难度的工作挑战，就无法使自己无限的潜能化为无限的成就。

遗憾的是，多数人谨小慎微，惧怕未知与挑战，勇于向"不可能完成"的工作挑战的人更是少之又少。

但是，我们从成功的美国广告人汉斯身上找到了挑战的巨大魅力。

1972 年，汉斯刚刚高中毕业，他想找份工作，就打算从销售工作干起。他梦想拥有公司配的又新又好的汽车，一份丰厚的薪水外加佣金和奖金，每天上班时西装革履，还有出差的机会。

一天，汉斯偶然发现了一则招聘广告：一家出版公司的全国业务经理要在本城待 2 天，只为了招聘一位负责 4 个州内的书店、百货公司和零售商店的业务代表。汉斯梦想在将来成为作家或出版家，所以"出版"二字对他来说是很有吸引力的。广告上又说，起初月薪为 2000 美元到 2500 美元，外加佣金、奖金、公务费和公司配车，这正是他梦寐以求的工作。

然而，不幸的是，他去面试时，那位全国业务经理很客气地向他解释，他不是他们要找的人。一是汉斯太年轻，二是他没有工作经验，三是他没念过大学。这份工作显然是为年龄在 30~40 岁之间、大学毕业并具有丰富经验的人准备的，高中刚毕业的汉斯显然不适合。该公司已有几位应聘者待定，尽管汉斯竭力地毛遂自荐，但招聘者态度坚决——他就是不够格。

这时，汉斯仍不放弃。他坚持着说："你们这个地区缺业务代表已经 4 个月了，再缺 2 个月也不至于怎么样吧？听听我的主意：让我做 2

个月，公司只负担公务费，我不要工资，还开我自己的车。如果我向你证明我能胜任这份工作了，你再以半薪雇我2个月，不过我要全额佣金和奖金，还得给我配车。如果这2个月我仍能胜任这份工作，你就用正常条件录用我。"

业务经理听完汉斯的一番话，点头微笑，之后，他被破格录用了。汉斯的表现并未让他们失望，在很短的时间内，汉斯凭借自己的努力，重组了销售流程，短期内在重要的地区让更多新客户的产品摆在了他们的摊位上，进到了新的非书店连锁型的大公司。

两个月后，汉斯有了公司的配车、全额工资以及全额佣金和奖金。

可见，勇于挑战自我，才会拥有更多的机会进而成功。有句格言说得好："失败者任其失败，成功者创造成功。"格言强调：胜利者是天生倾向于行动的人、倾向于挑战的人，人生到处充满挑战，成功的关键在于你是否敢于接受挑战，具有挑战挫折的气魄。

而最值得一提的是，要想从根本上克服对困难的恐惧，走出"不可能"这一自我否定的阴影，被人认可，你必须有充分的自信。相信自己，用信心支撑自己完成在别人眼中不可能完成的工作。信心会给予你百倍于平常的能力和智慧。"自信的心"能够打开想象的枷锁，让你能够驰骋在理想的空间，赋予你实现理想的"关键元素"——足够的能力和智慧。

你也许发现了这样一种情况：在你的周围，那些十分自信的同事总能把工作完成得很好，而在你眼中，这些工作常是不可能完成的。因此他们也越来越受到老板的器重。

此时此刻，在了解了自信的魅力后，相信你不会再对他们投注那么多的惊叹和质疑。因为，如果自己拥有了足够的自信，也同样有能力化腐朽为神奇，将"不可能"变为"可能"。

当然，在灌注信心的同时，你必须了解这些工作为什么被称为"不可能完成"的工作。针对工作中的种种"不可能"，看看自己是否具有一定的挑战力，如果没有，先把自身功夫做足做硬，"有了金刚钻，再揽瓷器活儿"。必须知道，挑战"不可能完成"的工作常有两种结果，成功或失败，而你的挑战力往往使两者只有一线之差，不可不慎。

陷入"瞎忙"的陷阱

人在工作中难免会被各种琐事、杂事纠缠，不少人由于不能高效地管理自己的工作时间，整天忙得筋疲力尽、心烦意乱，不仅腾不出时间做最该做的事，有时还被那些看似急迫却无关大局的事所蒙蔽，根本就不知道哪些是自己最应该做的事，结果天天忙忙碌碌，却只是白白浪费了大好时光。

一位成功心理学研究专家说："好的员工，首先是一个好的时间管理者。"

一位从事管理工作多年的某企业 CEO 说："所谓优秀的人，绝对是一个时间上的优秀利用者。"

一个人刚来到世上时，时间是他唯一的财富。时间也是世界上最公平的东西，富人和穷人每天所拥有的时间都是 24 小时。只不过有的人会善加利用，有的人却任意挥霍。因此，对于一个人来讲，若不会管理自己的时间，则永远不可能成为一个优秀的人。工作是很多的，时间却是有限的。不会合理地使用时间，计划再好，目标再高，能力再强，也不会产生好的结果。一个人在时间管理上表现无能，在工作上必然也会表现无能。所以，一个人要想使自己优秀，则必须学会管理好自己的时间，不让时间牵着鼻子走，而是主动地把握时间、规划时间，让有限的时间发挥最大的效用。

一位世界500强企业的老总曾说："我不喜欢看见报纸、杂志和休闲书在办公时间出现在员工的办公桌上。我认为这样做表明他并没把公司的事情当回事，他只是在混日子。如果你暂时没事可做，为什么不去帮助那些需要帮助的同事呢？"

会不会利用时间不是单纯地看某个人在工作时间内是不是忙个不停。有很多人从早忙到晚，不但在工作时间忙个不停，而且经常加班加点。表面上看，他好像很努力，很会利用时间，但事实上并非如此。很多从早到晚忙个不停的人工作绩效并不突出，有些还相当低。你要问他们为什么会这样？他们准会这么回答："事情太多，忙不过来，没时间。"

然而，事实并非如此。

有个学生向老师抱怨说："我的时间总不够用。"于是，老师找来一只箱子，里面放了些大石头，此时箱子看起来是满的。老师让学生放一些弹珠进去，石头的缝隙中竟可以放许多弹珠。这样一来，似乎箱子真的满了。但是老师又要学生倒入一桶细沙，等细沙也塞不下时，居然还可以再倒入一盆水。

最后，老师对学生说："你看到箱子满了，它却仍然可以再放入东西。你似乎觉得时间已排得满满的，但其中还有一些闲散的时间可以利用。"

时间是世界上一切成就的土壤。时间给把握不住它的人以痛苦，而给牢牢将它攥在手心的人以幸福。

美国一个大公司的董事长赖福林就是一个有效利用时间的能手。

他每天 6 点之前准时来到办公室，先是默读 15 分钟经营管理学方面的书籍，然后便全神贯注地思考本年度内必须完成的重要工作，以及所需采取的措施和必要的制度。接着开始考虑一天的工作，这是一项十分重要的工作。他把当天所要做的事情一一列在黑板上，之后就在去餐厅与秘书一起喝咖啡时，把这些考虑好的事情——小至职工的孩子入托，大到公司的大政方针和计划，几乎所有他认为重要的事情都要商量一番，然后做出决定，由秘书具体操办。

赖福林的时间管理法，极大地提高了自己的工作效率，也推动了企业整体效益的提高。

著名的"80/20 定律"告诉我们：应该用 80% 的时间做能带来最高回报的事情，而用 20% 的时间做其他事情。把这个定律融入工作当中，对最具价值的工作投入充分的时间，就可使自己避免陷入"瞎忙"的陷阱。

要想有效地管理自己的时间，可以尝试按照下面几点去做：

①分清主次，有计划地做事。对于一天的工作，要先进行整理，看看哪些是既重要又紧急的，哪些是重要而不紧急的，哪些是不重要而紧急的，哪些是既不重要也不紧急的，分清事情的主次，懂得该先做哪件事、后做哪件事，做到有的放矢，从容不迫。

②正确处理突如其来的杂事。对于突然插过来的无关紧要的电话、突然出现

在桌上的要处理的文件等杂事、小事，要敢于说"NO"，或者暂时放到一边，别打乱了自己的工作思路和计划。

③用合并同类项的方法做事。在同一时间段里，把几件事情的发生地点都圈在同一区域内，尽可能搭顺风车，也可以利用别人提供的便利机会，如搭客户 A 的车去见客户 B，以少走弯路，减少无谓的时间消耗。

④专事专办。在做一些重要而棘手的事情时，专门设立一个时间段，在这个时间段内，要避免打扰，更不能改变初衷去做别的事。

⑤事情总要一件一件地做。先集中精力做好一件事，然后再去做下一件事，这样才能保持头脑清醒。

⑥充分利用时间，使每一分钟都有所收益，还要学会与浪费时间的人划清界限。有些人总是整天无所事事，如果参与他们的无聊对谈，就休想成为一名有效利用时间的高手。如果有人找来，希望和你聊上一阵，可以直截了当地拒绝他，让他明白现在不是闲聊的时间。

大多数重大目标无法达成的主因，就是因为人们把大多数时间都花在了次要的事情上。所以，必须建立起优先顺序，然后坚守这个原则。

第3章 认真负责，
不投机取巧

首先做好自己的本职工作

对工作和自己的行为百分之百负责的人，更愿意花时间去研究各种机会和可能性，显得更值得信赖，因此也能获得别人更多的尊敬。与之相反，对工作总是敷衍了事的人，更愿意发挥自己"投机取巧、避重就轻"的"特长"，更愿意在"上有政策，下有对策"上发挥自己的聪明才智，并以让自己在工作中能随意获得片刻的轻闲为荣。这两种人，前者在工作中的认真负责也许并不会让自己得到什么回报，但他们因为做事时一丝不苟所培养起来的品格、所获得的经验和成长的智慧，最终会使他们在自己的事业上一往无前。而后者在工作中投机取巧也许能让他们得到一时的便利，但因为长期在工作中投机取巧、敷衍了事，他们的工作能力不仅会退化，品格也会变得堕落，为自己的一生埋下隐患。

下面这个故事，或许能给我们更为直观的警示：

一个人看见一只幼蝶在茧中拼命挣扎了很久也未出来，觉得它太辛苦了，出于怜悯，就用剪刀小心翼翼地将茧剪掉了一些，让它轻易地爬了出来，然而不久这只幼蝶竟死掉了。

幼蝶在茧中挣扎是生命过程中不可缺少的一部分，是为了让身体更加结实、翅膀更加有力，而这种"投机取巧"的方法只会让其丧失生存和飞翔的能力。

世界上绝顶聪明的人很少，绝对愚笨的人也不多，一般人都具有正常的能力与智慧。那么，为什么有些人成功了而有些人却总是遭受失败呢？这里面最重要的一个原因就是他们对待工作所持有的态度。那些对工作认真负责者，在认真工作中获得了掌控自己命运的能力，同时也将自己的事业一步一步推向高峰；那些习惯于投机取巧者，不愿意付出与成功相应的努力，却希望到达辉煌的巅峰，不愿意经过艰难的道路，却渴望取得事业上的胜利，这岂不是痴人说梦？

投机取巧实在是一种普遍的社会心态，而成功者的秘诀恰好就在于他们能够超越这种心态。

在一家电脑销售公司里，老板吩咐三个人去做同一件事：到供货商那里去调查一下电脑的数量、价格和品质。

第一个人十分钟就回来了，他并没有亲自去调查，而是向下属打听了一下供货商的情况，就回来做汇报了。

两个小时后，第二个人回来汇报，他亲自到供货商那里了解了一下电脑的数量、价格和品质。

第三个人过了整整一个下午才回来汇报。

原来，他不但亲自到供货商那里了解了电脑的数量、价格和品质，而且根据公司的采购需求，将供货商那里最有价值的商品做了详细记录，并和供货商的销售经理取得了联系。另外，在返回途中，他还去了另外两家供货商那里了解了一些相关信息，并将三家供货商的情况做了详细的比较，制订出了最佳购买方案。

结果，第二天公司开会时，第一名员工被老板当着大家的面训斥了一顿，并警告他，如果下一次再出现类似情况，公司将开除他。第三名

员工，因为恪尽职守，在会议上受到老板的大力赞扬，并当场给予了
奖励。

在这三个人当中，你认为自己属于哪一种人呢？

如果你想在公司获得成功，就必须做第三个人，这种人无论何时都是企业殷
切想要网罗的人才。如果你想获得很多，你就必须付出得比别人更多，尤其重要
的一点是：你必须做一个认真负责的人，而不是一个投机取巧的人。

服从，而不是一味地敷衍

在美国南卡罗来纳州的海军陆战队营地，每周都会有大批的人员来
到这里。他们是美国某个公司的员工，来这里的目的并不是参观旅游，
而是来接受陆战队的训练，他们要学会像陆战队员一样服从、像陆战队
员一样接受指令、像陆战队员一样对任务用心领悟。

他们笔直地站成一排，只听到士官长的吼声震耳欲聋：

"从现在开始，你们都归我管，不管我说什么，你们都得照做、马
上做，不准有任何疑问，清楚吗？"

"是，长官。"

"我听不见！"

"是！长官！"

作为美国海军陆战队的队员，要学习的第一课就是绝对服从上级的
命令，对任务用心领悟，从不怀疑，更不能讨价还价。

长官一声令下，队员立即无条件执行——

滂沱大雨中，士兵照常训练，执行口令不得有丝毫懈怠；

没有长官的命令，行进路上的水洼好像根本就不存在；

新兵第一次跳伞训练时，每个人在机舱口都不得有一丝犹豫。

为什么美国海军陆战队要求"毫无保留地服从"？这是一个十分简单的道理，因为没有服从的精神，就没有纪律，没有纪律的军队就没有战斗力，就无法有效地完成任务。

同样，工作中，我们也需要无条件地服从——对上级命令的服从，对下达的任务的服从，对公司利益的服从。服从不仅是对上级命令的贯彻，更多地表现为以积极的态度接受工作，还意味着不逃避责任、热情投入以及牺牲精神。它常常在我们的生活中以另一种状态出现，那就是"敬业"。

小林是一名保险公司的业务员，她是大区仅有的5个顶级会员之一。当别人问起她成功的经验时，她说："我曾是一名军人，客户的需求就是命令。对于每一项命令，我都会全力以赴，不计代价地完成，因为服从命令是我的习惯。"

对于任何团体和组织，服从精神的重要性都不言而喻。服从命令的习惯不仅能让个人变得敬业，还能强化整个团队的工作能力。团队如一部联动机，只有所有的部件都能忠实地履行自己的职责，整个机器才能运转自如，而当各个部件都有超常表现时，整个机器的性能就会呈指数倍地提高。

相反，各自为政的"个人主义"不但会毁掉个人的前途，也会腐蚀掉整个团队的战斗力。对分配的工作百般敷衍，这样的员工不仅会令老板徒增烦恼，也不可能被委以重任。

　　某公司老板要赴国外公干，且要在一个国际性的商务会议上发表演说。他身边的几名工作人员因此忙碌不已，要把他所需的各种文件都准备妥当，包括演讲稿在内。

　　在该老板出发的那天早晨，各部门主管都来送机。老板秘书问其中一个部门主管："你负责的文件打好了没有？"

　　这位主管睁着惺忪睡眼道："昨晚忙得太晚，我熬不住睡去了。反正我负责的文件是以英文撰写的，老板看不懂英文，不可能在飞机上审读一遍。待他上飞机后，我回公司去把文件打好，再传真过去就可以了。"

　　谁知，老板驾到后，第一件事就问这位主管："你负责预备的那份文件和数据呢？"这位主管按他的想法回答了老板。老板闻言，脸色大变："怎么会这样？我已计划好利用在飞机上的时间，与同行的外籍顾问研究一下这份报告和数据，你这是白白浪费我坐在飞机上的时间呀！"

　　闻言，这位主管的脸色一片惨白。

　　没过多久，他就丢掉了主管的职务。

我们在执行工作任务时，对命令的尊重与服从是至关重要的，敷衍只能让我们得到暂时的喘息，坚决地执行才是解决问题的根本方法。

　　在公司中，只有每个成员都能坚决服从工作指令，并完美去执行，才能保证公司整体正常运转。这一点，每一个公司老板都很清楚，作为公司的员工更应该清楚。

正确做事，更要做正确的事

要取得好业绩就要能正确做事，更要懂得做正确的事。生活中，这样的人十分注重工作方法，张弛有度。他们非常清楚自己的生活方向，善于安排时间、控制节奏，知道自己该在什么时间做什么事情。即便再忙，也极有规律。

"正确做事"与"做正确的事"有着本质的区别。"正确做事"是以"做正确的事"为前提的，如果没有这样的前提，"正确做事"将变得毫无意义。首先要做正确的事，然后才存在正确地做事。比如，在一个工厂里，员工在生产线上按照要求生产产品，产品质量与其操作行为都达到了标准，他是在正确地做事。但是如果这个产品根本就没有买主，没有用户，这就不是在做正确的事。这时，无论他做事的方法多么正确，其结果都是徒劳无益的。

正确做事，更要做正确的事，这不仅仅是一个重要的工作方法，更是一种很重要的管理思想。任何时候，对于任何人或者组织而言，"做正确的事"都远比"正确地做事"重要。对企业的生存和发展而言，"做正确的事"是由企业战略来决定的，"正确地做事"则是执行问题。如果做的是正确的事，即使执行中有一些偏差，其结果也不会致命；但如果做的是错误的事情，即使执行得完美无缺，其结果对于企业来说也肯定是灾难。

对企业而言，倡导"正确做事"的工作方法和培养"正确做事"的人，与倡导"做正确的事"的工作方法和培养"做正确的事"的人，其效果是截然不同的。前者是保守的、被动接受的，而后者是进取创新的、主动的。

麦肯锡公司的资深咨询顾问奥姆威尔·格林绍曾指出："我们不一定知道正确

的道路是什么，但不要在错误的道路上走得太远。"这是一条对所有人都具有重要意义的告诫，他告诉我们一个十分重要的工作方法，如果我们一时还弄不清楚"正确的道路"（正确的事）在哪里，那就先停下手头的工作吧，先找出"正确的事"。

找出"正确的事"这个过程就是解决一个个问题的过程。有时候，一个问题会摆到你的办公桌上让你去解决，问题本身已经相当清楚，解决问题的办法也很清楚。但是，不管你要冲向哪个方向，想先从哪个地方下手，正确的工作方法只能是：在此之前，请你确保自己正在解决的是正确的问题——很有可能，它并不是先前交给你的那个问题。

其实，让工作高效卓越的方法是有机而复杂的，就跟医学问题一样。病人到医生的办公室说自己有一点发烧，他会告诉医生自己的症状：嗓子痛、头疼、鼻子堵塞。而医生不会马上就相信病人的结论，他会翻开病历，问一些探究性的问题，然后再做出自己的诊断——病人也许是发烧，也许是感冒了，还可能得了其他更严重的病，但医生不会依靠病人自己对自己的判断而进行诊断。

所以，要搞清楚交给你的问题是不是真正的问题，唯一的办法就是更深入地挖掘和探究事实。

当黑白电视机处于成熟期，而彩色电视机方兴未艾时，若仍选定黑白电视机为目标产品，则不论其生产效率有多高，这种产品肯定要滞销。虽然提高生产效率是在正确地做事，但因为做了不正确的事，导致损失更大。

当你确信自己是在为一个错误的问题而伤脑筋时，你会做些什么？当医生认为病人的轻微症状掩盖了某些更为严重的问题时，他会告诉病人："先生，我可以治疗你的头疼，不过我认为这是某种更为严重的疾病的症状，我会做进一步的检查。"按照同样的方法，你应该去找你的客户或者老板，告诉他："你让我去解决 X 问题，但真正对我们的业绩有影响的是对于 Y 问题的解决。只要你真想的话，我现在就可以解决 X 问题，不过我认为把精力放在 Y 问题上面更符合我们的利益。"

当然，客户既可以接受你的建议，也可以让你继续处理原来的问题，但是你已经尽到了根据客户的最佳利益行事的责任。

这也是最棒员工的工作原则：正确做事，更要做正确的事。而首先找出"正确的问题"，则是做正确的事的第一步。

接下来，介绍一些"做正确的事"的快速高效的工作方法：

1. 改进原来不合理的工作方法

原有的工作方法未必就是最好的工作方法。对原有的方法认真分析，找出那些不合理的地方，加以改进，使之与实现目标要求相适应。

也可在明确目的的基础上，提出实现目的的各种设想，从中选择最佳的手段和方法。

2. 统筹安排做事顺序

即考虑工作时采取什么样的顺序最合理。要善于打破自然的时间顺序，采取电影导演的"分切""组合"式手法，重新进行排列。

3. 合并处理，分类解决

如果有两项或几项工作，它们有类似之处，互有联系，实质上又是服务于同一目的的，就可以把这两项或几项工作结合为一，利用其相同或相关的特点，加以研究解决。这样就能够省去重复劳动的时间。

4. 适当安排休息

尽可能把不同性质的工作内容互相穿插，避免打疲劳战，如写报告需要几个小时，中间可以找人谈谈别的事情，让大脑休息一下；又如上午在办公室开会，下午就可到基层去搞调查研究。

5. 对经常性的问题进行统一处理

即用相同的方法来安排那些必须时常进行的工作。比如，记录时使用通用的记号，这样一来就简单好记了。对于经常性的询问，事先可准备好标准答复。

其实，做正确的事不仅仅是指选择自己所爱的工作，也不仅仅是提高工作效率，它还包括许多其他的事情，这些都需要大家在工作中慢慢体会。

做事要主动，而不是被动

拿破仑·希尔曾经说过："自觉自愿是一种极为难得的美德，它驱使一个人在没有人吩咐应该去做什么事之前，就能主动地去做应该做的事。"职场中，有一些人只有被人催促后，才会去做他应该做的事。这种人大半辈子都在辛苦地工作，却得不到提拔和晋升。只有在工作中抱着积极主动的态度，努力改进自己的工作方式，驱策自己不断前进，才会使自己从激烈的竞争中脱颖而出。

张俊超生活在一个工薪阶层的家庭中，因为兄弟姐妹比较多，他高中毕业后便不得不放弃上大学的机会，到一家百货公司去打工。但是，他不甘心就这样生活下去，每天都在工作中不断学习，想办法充实自己，努力改变自己的境况。

经过几个星期的仔细观察后，他注意到主管每次总要认真检查那些进口商品的账单。由于那些账单用的都是法文和德文，他便开始在每天上班的过程中仔细研究那些账单，并努力学习与这些业务有关的法文和德文。

有一天，他看到主管十分疲惫和厌倦，就主动要求帮助主管检查账单。由于他干得实在太出色了，以后的账单检查工作就由他接手了。

过了两个月，他被叫到一间办公室里接受一个部门经理的面试。这个经理说："我在这个行业里干了40年，根据我的观察，你是唯一一个每天都在要求自己不断进步、不断在工作中改变自己，以适应工作要求的人。从这个公司成立开始，我一直在从事外贸这项工作，也一直想物色一个像你这样的助手。因为这项工作所涉及的面太广，工作比较繁杂，需要的知识很庞杂，对工作的适应能力要求也特别高。我们选择了你，认为你是一个十分合适的人选，我们相信公司的选择没有错。"

尽管张俊超对这项业务一窍不通，但是他凭着对工作不断钻研、学习的精神，让自己的能力不断提高。半年后，他已经能完全胜任这项工作了。一年后，他接替了那位经理的工作，成了这个部门的经理。

美国有一句谚语这样说："通往失败的路上，处处都是错失的机会。坐等幸运从前门进来的人，往往忽略了从后门进入的机会。"只有对工作勇于负责，每天自动自发、自觉自愿将工作干好，每天都使自己有所进步的人，才能够成为一个卓越的职员。

然而，不幸的是，大多数人的弊病是：容易养成被动工作的习惯，不但不会主动去做老板没有交代的工作，甚至连老板交代的工作也要一再督促才能勉强做好。这种被动的态度自然会导致一个人的积极性和工作效率下降。久而久之，即使是被交代甚至是一再交代的工作也未必能做好，因为这个人已习惯于想方设法去拖延、敷衍。

在实际工作中，我们应该自觉自愿地多做一些工作，说不定这些额外的付出就是我们走向成功的开始。

罗杰在一家五金店做事，每月的薪水是75美元。有一天，一位顾客买了一大批货物，有铲子、钳子、马鞍、盘子、水桶、箩筐等。这位顾客过几天就要结婚了，提前购买一些生活和劳动用具是当地的一种习俗。货物堆放在独轮车上，装了满满一车，而顾客希望罗杰能帮他把这些东西送到他家去。其实，送货并非罗杰的职责，他完全是出于自愿为顾客运送如此沉重的货物。途中，车轮一不小心陷进了一个不深不浅的泥潭里，顾客和罗杰使尽了所有的力气，车子仍然纹丝不动。好在此时恰巧有一位心地善良的商人驾着马车路过，帮罗杰他们把车子拉出了泥潭。

当罗杰推着空车艰难地返回商店时已经很晚了，但老板并没有因罗杰的额外工作而称赞他。一个星期后，那位顾客找到罗杰并告诉他说："我发现你工作十分努力，热情很高，尤其是我注意到你卸货时清点物品数目时非常细心和专注。因此，我愿意为你提供一个月薪500美元的职位……"罗杰接受了这份工作。

每个公司都会出现一些"额外"的事情，这时就需要你有一种主动精神，多做一些事情。做的事情越多，你的地位越重要，掌握的个人资源和工作资源也就越多，情形就对你越有利。

其实，无论我们做什么，都是在为将来做准备，如果我们拥有自动自发的意识，用积极的心态来对待自己正在做的事情，就能把工作当成机会，把指派当成锻炼。

任何时候，我们都需要扪心自问：我是否自动自发，凡事积极主动了？如果你的回答不是特别肯定的话，那么，你就必须改变自己的工作态度，让自己成为一个任何时候别人都离不开的人。

不要只做上级交代的事情

在现代社会，虽然"听命行事"的能力相当重要，但个人的主动进取精神更应受到重视。许多公司都努力把自己的员工培养成主动工作的人。所谓主动工作，就是没有人要求你、强迫你，你却能自觉而且出色地做好需要做的事情。

著名企业家奥·丹尼尔在他那篇著名的《企业对员工的终极期望》一文中这样说道：

"亲爱的员工，我们之所以聘用你，是因为你能满足我们一些紧迫的需求。如果没有你也能顺利满足需求，我们就不必费这个劲儿了。我们深信需要一个拥有你那样的技能和经验的人，并且认为你正是帮助我们实现目标的最佳人选。于是，我们给了你这个职位，而你欣然接受了。谢谢！

"在你任职期间，你会被要求做许多事情：一般性的职责，特别的任务，团队和个人项目。你会有很多机会超越他人，显示你的优秀，并向我们证明当初聘用你的决定是多么明智。然而，有一项最重要的职责——或许你的上司永远都会对你秘而不宣，但你自己要始终牢牢地记在心里，那就是企业对你的终极期望——永远做非常需要做的事，而不必等待别人要求你去做。"

任何老板都希望自己公司的员工有一种主动精神，那些能沉浸在工作状态中、独立自主地把事情做好的员工——无论他们的背景、技能如何——无疑将会成为老板最需要的人。

　　两个同龄的年轻人同时受雇于一家零售店铺，并且拿同样的薪水。

　　做了一段时间之后，名叫约翰的小伙子得到晋升，而那个名叫汤姆的却仍在原地踏步，汤姆很不满意老板的不公正待遇，终于有一天忍不住跑到老板那儿发牢骚。老板一边耐心地听着他的抱怨，一边在心里盘算着该怎样向他解释清楚他和约翰之间的差别。

　　"汤姆，"老板开口说话了，"你到集市上去一下，看看今天早上都有什么货。"

　　汤姆从集市上回来后向老板汇报说："今早集市上只有一个农民拉了一车土豆在卖。"

　　"有多少？"老板问。

　　汤姆赶快戴上帽子又跑到集市上，然后回来告诉老板一共40袋土豆。

　　老板问："价格是多少？"汤姆只得第三次跑到集市上问了价格。

　　"好吧，"老板对他说，"现在请你坐到这把椅子上一句话也不要说，看看别人是怎么做的。"

　　于是，老板叫来约翰，对他说："你到集市上去一下，看看今天早上都有什么货。"

　　约翰很快就从集市上回来了，并汇报说："到现在为止只有一个农民在卖土豆，一共40袋，价格是每斤0.75元，质量很不错。"他还带回来一个土豆让老板看看，并告诉老板说，昨天那个农民的西红柿卖得很快，库存已经不多了。他想，这么便宜的西红柿老板肯定想购进一些，所以他不仅带回了一个西红柿做样品，而且把那个农民也带来了，他现在正在外面等回话呢。

此时，老板转向了汤姆，说："你现在肯定知道为什么约翰的工资比你高了吧？"

汤姆面红耳赤，哑口无言。

凡事主动工作的人，必将获得工作所给予的更多的奖赏。约翰的主动和细致体现了一种高度的工作责任心及其为人做事的良好品质，正是这些，为他赢得了老板的信任，在工作中开创了更为广阔的发展空间。而与他形成鲜明对比的汤姆，则是那种典型的只做老板交代的事的人。这种人不但不会主动去做老板没有交代的工作，甚至连老板交代的工作也要在一再的督促下才能勉强做好。这样的人或许可以躲过裁员，却很难得到晋升。道理很简单，如果你只是尽本分，或者得过且过，对公司的发展前景漠不关心，你就无法获得额外的报酬，只能得到属于你应得的那一部分——当然，这比你想象得要少。

如果你想获得更多的报酬，得到更大的发展空间，你就必须永远保持主动率先的精神，即使面对缺乏挑战或毫无乐趣的工作。当你养成了这种主动工作的习惯之后，你就可以用行动证明自己是一个勇于承担责任、值得信赖的人，一个有可能成为企业家和管理者的人。

一个来自偏远山区的打工妹，由于没有什么特殊技能，于是选择了餐馆服务员这个职业。在常人看来，这是一个不需要什么技能的职业，只要招待好客人就可以了。许多人从事过这个职业，但很少有人会认真投入这个工作，因为这看起来实在没有什么需要投入的。

这个小姑娘恰恰相反，她从一开始就表现出了极大的耐心，并且彻底将自己投入到了工作之中。一段时间以后，她不但能熟悉常来的客人，而且掌握了他们的口味，只要客人光顾，她总是千方百计地使他们高兴而来，满意而去。她不但赢得了顾客的交口称赞，也为饭店增加了收益——她总是能够使顾客多点一二道菜，并且在别的服务员只能照顾一桌客人的时候，她却能够独自招待几桌的客人。

而在老板逐渐认识到其才能，要提拔她做店内主管的时候，她却婉言谢绝了。原来，一位投资餐饮业的顾客看中了她的才干，准备与她合作，资金完全由对方投入，她负责管理和员工培训，并且对方郑重承诺：她将获得新店 25% 的股份。

现在，她已经成为一家大型餐饮企业的老板。

一个普通的餐馆服务员之所以能够脱颖而出，关键在于她充分发挥了自己的积极性与主动性。在本职工作之外，她思考更多的是如何完善服务和实现服务的突破，而不是只做一些老板交代的事。

现代社会，快节奏的竞争环境呈现出越来越多的变数，在激烈的商战中，即便能力再强的老板也不可能面面俱到，因此，任何一个公司都需要主动做事的员工，而那些事事等待老板吩咐的员工，就好像站在危险的流沙上，早晚会被淘汰。

完成任务要坚持不懈

一个人一旦在工作中养成了有始无终、半途而废的坏习惯，甚至缺乏毅力，就永远不可能出色地完成任何任务。

如果你有能力，业绩却远远落后于其他人，那么，不要埋怨，最好自我反省一下：自己是否坚持不懈地把工作进行到底了？如果不是，这也许就是你为什么失败的原因。对于任何一件工作，要么不做，要做就要有始有终、彻彻底底地去完成它。

一个人成功与否，要看他有无恒心，能否善始善终。持之以恒是人人应有的美德，也是顺利完成工作的重要因素。

如果做事半途而废，那前面的所有辛苦就等于白费了。只有经得起风吹雨打及种种考验的人，才是最后的胜利者。因此，我们做事时，不到最后关头，绝不轻言放弃，要一直不断地努力下去，以求取得最后的胜利。

世界上最难的事就是坚持。能否坚持不懈，关系到一个人是成功还是失败。

宋海曾经是一家报社的职员。他刚到报社当广告业务员时，对自己充满了信心。他甚至向经理提出不要薪水，只按广告费抽取佣金。经理答应了他的要求。

开始工作后，他列出一份名单，准备去拜访这些特别而重要的客户，报社的其他业务员都认为想要争取这些客户简直是天方夜谭。在拜访这些客户前，宋海把自己关在屋里，站在镜子前，把名单上的客户名字念了五遍，然后对自己说："在本月之前，你们将向我购买广告版面。"

之后，他怀着坚定的信心去拜访客户。第一天，他以自己的努力和智慧很幸运地一下子与3个客户谈成了交易；到了中旬，他又成功谈成了5笔交易。这样下来，在第一个月的月底，25个客户中只有一个还没有买他的广告版面。

尽管取得了令人意想不到的成绩，但宋海依然锲而不舍，坚持要把最后一个客户也争取过来。第二个月，宋海没有去发掘新客户，而是天天一大早就去说服那个客户。

每天早晨，那个拒绝买他广告版面的客户的商店一开门，宋海就进去劝说这个商人做广告。而每天早上，这位商人都回答说："不！"每次宋海都假装没听到，然后继续前去拜访。到那个月的最后一天，已经连着对宋海说了数天"不"的商人的口气终于缓和了些："你已经浪费了一个月的时间来请求我做广告了，我现在想知道的是，你为何要坚持这样做？"

宋海说："我并没浪费时间，我在上学，而你就是我的老师，我一直在培养自己在逆境中的坚持精神。"那位商人点点头，接着宋海的话说："我也要向你承认，我也等于在上学，而你就是我的老师。你已经教会了我坚持到底这一课，对我来说，这比金钱更有价值，为了向你表示我的感激，我要买一个广告版面，当作我付给你的学费。"

宋海完全凭借自己在挫折中的坚持精神达到了目标，并且为公司赚取了高额的利润，成为公司不可或缺的"资产"。

伟大的成功和辛勤的劳动是成正比的，有一分劳动就有一分收获，日积月累，从少到多，奇迹就可以创造出来。

在所有的职业中，推销员、业务员是最容易受挫、最容易遭到拒绝的工作，也是最容易让人厌倦的工作。许多推销员忙忙碌碌，却没有取得成功，原因无他，大多败在自己手中，败在遇到挫折时放弃自己的追求，缺乏坚持不懈的精神。

美国销售员协会的一项调查研究指出，不能坚持是销售失败的主要原因。

请看以下统计数字：

有48%的推销员找过一个客户之后就不干了；有25%的推销员找过两个客户之后不干了；有15%的推销员找过三个客户之后不干了；只有12%的推销员找过三个客户之后，继续干下去，而80%的生意恰恰就是这些推销员做成的。

坚持不懈地付出努力，是优秀推销员取得良好业绩的不二法门。

一个人想干成任何事情，都要能够坚持下去，坚持下去才能取得成功。一个人做一点事并不难，难的是能够持之以恒地做下去，直到最后成功。

挑战困难，完美执行

工作中只有两种行为：一是努力挑战困难完美执行，一是避重就轻推卸责任。前者可以带来成功，而后者只能走向失败。

巴顿将军在他的回忆录《我所知道的战争》中曾写到这样一个细节。

"我要提拔人时常常把所有的候选人排到一起，给他们提一个我想要他们解决的问题。我说：'伙计们，我要在仓库后面挖一条战壕，8英尺长，3英尺宽，6英寸深。'我就告诉他们那么多。我有一个有窗户或有大节孔的仓库。候选人正在检查工具时，我走进仓库，通过窗户或节孔观察他们。我看到伙计们把锹和镐都放到仓库后面的地上。他们休息几分钟后开始议论我为什么要他们挖这么浅的战壕。他们有的说6英寸深还不够当火炮掩体。其他人争论说，这样的战壕太热或太冷。如果伙计们是军官，他们会抱怨他们不该干挖战壕这么普通的体力劳动。最后，有个伙计对别人下命令：'让我们把战壕挖好后离开这里吧。那个老畜生想用战壕干什么都没关系。'"

最后，巴顿写道："那个伙计得到了提拔。我必须挑选不找任何借口完成任务的人。"

无论什么工作，都需要这种不找任何借口去执行的人。对我们而言，无论做什么事情，都要记住自己的责任，无论在什么样的工作岗位上，都要对自己的工作负责。不要用任何借口来为自己开脱或搪塞，完美地执行是不需要任何借口的。

一位长期在公司底层挣扎、时刻面临着失业危险的中年人来看心理医生。医生问他发生了什么事。他神情激愤地说，我怎么也睡不着，想不通。然后开始抱怨公司老板如何不愿意给自己机会。

"那么你为什么不自己去争取呢?"医生说。

"我曾经也争取过，但是我不认为那是一种机会。"他依然义愤填膺。

"你能说得具体点吗?"

"前些日子，公司派我去海外营业部，但是我觉得像我这样的年纪怎么能经受如此折腾呢。"

"为什么你会认为这是一种折腾，而不是一种机会呢？"

"难道你看不出来吗？公司本部有那么多职位，却让我去如此遥远的地方。我有心脏病，这一点公司所有的人都知道。"

医生无法确认这位先生是否真的得了心脏病，但他已经知道了这位先生的"病根"，那就是喜欢在困难面前为自己找借口。

于是，医生给他讲了一个与他的情形截然相反的故事，故事的主人公就是体育界的成功者罗杰·布莱克。

罗杰·布莱克之所以杰出并不全在于他取得了令人瞩目的竞技成绩——他曾经获得奥林匹克运动会400米赛跑比赛的银牌和世界锦标赛400米接力赛金牌，而是，所有的成绩都是在他患有心脏病的情况下取得的。

除了家人、亲密的朋友和医生等几个人知道其病情外，他没有向外界公布任何消息。带着心脏病从事这种大运动量的竞技项目，不仅很难有出色的发挥，而且有可能危及生命。第一次获得银牌后，他对自己依然不满意。如果他告诉人们自己真实的身体状况，即使在运动生涯中"半途而废"，也会获得人们的理解。但是罗杰却说："我不想小题大做。即使我失败了，也不想将疾病当成自己的借口。"作为世界级的运动员，这种精神一直存在于他的整个职业生涯中。

医生刚讲完罗杰·布莱克的事，这位中年人就若有所思地走出了医生的治疗室。

那些认为自己缺乏机会的人，往往是在为自己所面临的困难寻找借口。成功者不善于也不需要编造任何借口，因为他们能为自己的行为和目标负责，也能享受自己努力的成果。

在工作中，我们每个人都应该发挥自己最大的潜能，努力地工作而不是浪费时间寻找借口。要知道，公司安排你在这个职位，是为了解决问题，而不是听你对困难的长篇累牍的分析。

习惯性拖延者通常是制造借口与托词的专家。他们经常为没做某些事而制造借口，或想出各种各样的理由为事情未能按计划实施而辩解。"这个工作做起来难度太大。""客户不回信我有什么办法？""这段时间实在太忙，把这件事给忘了。""这么大的工程只给这么点时间，怎么可能完成？""什么样的工作条件出什么样的活儿。"这些借口听上去好像是"理智的声音""合情合理的解释"，但不论借口多么冠冕堂皇，借口就是借口，它所带来的后果，一点儿也不会因你的借口如何完美而有丝毫改变。

在工作中找借口是愚蠢的人都能想到的办法，更是世界上最容易办到的事情，如果你存心拖延逃避，你就总能找出借口。找借口是一种很不好的习惯。面对问题不是积极、主动地加以解决，而是千方百计地寻找借口，你的工作就会拖沓，以致没有效率。借口变成了一面挡箭牌，事情一旦办砸了，就能找出一些看似合理的借口，以换得他人的理解和原谅。一般情况下，我们找借口无疑是为了掩盖自己的过失，心理上得到暂时的平衡。但长此下去，找借口成为习惯，人就会疏于努力，不再想方设法积极进取了。

有多少人因为把宝贵的时间和精力放在了如何寻找一个合适的借口上，而耽误了自己的前程！有多少人因为工作不努力、不认真，一见困难就找机会推脱，一出问题就找借口掩盖，而错过了一次又一次挑战自我、争取成功的机会！

　　罗斯是公司里的一名老员工，专门负责跑业务，业绩一直不错。只是有一次，他负责的一项业务突然被别的公司抢先拿走了，给公司造成了一定的损失。事后，他向公司领导解释说，因为自己的腿伤发作，比竞争对手晚去了半个小时，导致失去了这笔生意。公司领导知道他工作一直很卖力，而且腿伤也是因前几年出差导致的，所以并未对他有任何责备之意。

　　其实，罗斯的腿伤并不严重，只有仔细去看才会觉得他有点跛，但根本不影响他的形象，也不影响他的工作。可不幸的是，罗斯自此次用借口将责任推脱过去后，心里得意极了，以后每当公司要他去负责一些困难较大的业务时，他都以他腿不行，不能胜任这项工作为借口而推掉了。

　　公司领导开始还挺重视他的能力的，但因为他经常推脱，时间一长，遂渐渐将他忘了，一有重大任务便委派别的业务员去做。罗斯见领导不再将一些困难的任务交给自己，心里还暗自庆幸自己的明智。心想，这种费力不讨好的任务，谁爱做谁做去，完不成任务那才丢人呢。

　　此后，罗斯更是将大部分时间和精力花在如何寻找更合理的借口上，碰到难办的业务能推就推，好办的差事能抢就抢。而无论什么样的业务一旦没有完成，他就找出种种借口为自己开脱。

　　一年后，公司按绩效进行裁员，罗斯列在被裁名单的第一位。

　　公司领导将他叫进办公室，对他说："你为公司负过伤，以前干得也不错，公司最不该裁的就是你，但是你这一年都干了些什么？绩效几乎是零，而更重要的是，作为一名老员工，你已在公司内部造成了负面影响……因此，公司只能让你走。"

罗斯刚要张嘴说什么，公司领导立即说道："你不要再对我讲什么理由，这一年我听够了，你到财务办手续去吧。"

在任何一家公司或者企业中，那些企图靠种种借口来蒙混过关、欺骗管理者的人，最后只能落得像罗斯一样的下场。他们不尊重自己，却企求别人对他的尊重；他们不尊重工作，却梦想从工作中得到一切。这种毫无责任心的人在社会上也不会被大家所信赖和尊重。

借口是对惰性的纵容。当我们要付出劳动或要做出抉择时，总想让自己轻松些、舒服些。这时借口就开始在我们的耳旁"窃窃私语"，告诉我们因为某原因而不能做某事，久而久之，我们甚至会在潜意识中认为这是"理智的声音"。假如你有此类情况，那么请你做一个实验：每当你使用"理由"一词时，请用"借口"来替代它，也许你会发现自己再也无法心安理得了。

一个人在面临挑战时，总会为自己未能实现某种目标而找出无数个理由。但是，正确的做法是，抛弃所有的借口，找出解决问题的方法。因为那些实现了自己的目标、取得成功的人——虽然他们成功的因素各不相同，也并非都有超凡的能力和超凡的心态，但他们却有一个共同的特点：从不为自己找借口。

职场里面没有"分外"的工作

职场中没有"分外"的工作，要想登上成功之梯，就必须永远保持主动率先的精神，这种额外的工作可以使你在本行业拥有一种宽广的眼界，与此同时获得更多的机会。要知道，超过别人所期望你做的，会使你更容易如愿以偿。事业成功的人和平庸的人之间最本质的差别在于，成功者将工作当作一种储备，多多益善，而平庸的人则死守职责，对职责外的工作置之不理。

美国成功学大师拿破仑·希尔曾说："人与人之间只有很小的差异，但是这种很小的差异却造成了巨大的差异！很小的差异就是所具备的心态是积极的还是消极的，巨大的差异就是成功和失败。"

中国有位著名的企业家也说过："除非你愿意在工作中超过一般人的平均水平，否则你便不具备在高层工作的能力。"

社会在进步，公司在发展，个人的职责范围也会跟着扩大。不要总拿"这不是我职责内的工作"为由来推脱责任，当额外的工作分摊到你头上时，这也可能是一种机遇。

卡洛·道尼斯刚开始在世界著名汽车制造商杜兰特手下工作时，职务低微，但很快他就被杜兰特先生当作左膀右臂，担任其一家下属公司的总经理。他之所以能如此迅速升迁，原因就是他多做了一点职责外的事。他说：

"刚为杜兰特先生工作时，我就注意到，每天所有的人下班后，杜兰特先生依旧会留在办公室里继续工作到很晚。为此，我决定下班后也留在公司里。是的，确实没有人要求我这样做，但我觉得自己应该留下来，在杜兰特先生需要时为他提供一些帮助。

"工作时，杜兰特先生常会找文件、打印材料，以前这些事都是他自己亲自来做。但很快，他就发现我时刻在等待他的吩咐，久之便养成了召唤我的习惯……"

在当今的商业社会，传统的对待职业的观念已经越来越不适应这个时代了，只做到恪守职责已远远不够。那些事事待命而行、满足于完成交付给自己的任务的员工，将会在竞争中越来越力不从心。只有那些像卡洛·道尼斯这样积极主动、全身心投入工作中的员工，才是雇主、企业真正需要的人。

无论你的想法是什么，目标有多么远大，要实现它，你必须干得比其他人更多。不要像机器一样只做分配给自己的工作。一些看起来似乎很平凡的事，你默默地多做一些，多承担些责任，多为公司和老板分担一些，公司和老板自然会给你更多的发展机会。

团队协作，共同成功

在现代公司中，团队的命运和利益包含了每一个成员的命运和利益，没有一个人可以使自己的利益与团队脱节，也没有人可以单凭一己之力去完成一项规模较大的任务。

然而，尽管大多数人都懂得团队协作能带来诸多好处，但团队成员之间的协作并非人们希望的那样简单。因此，我们便常能看到一些业务专精的员工，仗着自己比别人优秀，与人合作时不积极，总倾向于一个人孤军奋战。然而，拼死拼活，也未做出多大成就。其实，他完全可以借助其他人的力量来使自己更优秀。

杰克不仅拥有很高的学历，工作成绩也很突出，堪称公司员工的典范。

公司老板对他所做的工作评价很高。按说以他的才能，他早就应该晋升到更高职位了，可他现在依然在原地不动。

杰克不明白，为什么那些能力比他差的人都得到了晋升，而他的职位却一直不动，连私人办公室都没有。

原来，造成这种状况的一个很重要的原因，便是杰克不喜欢与人合作。他只是埋头苦干自己的工作，不喜欢和大家交流，如果公司其他成员需要他的协助，他不是拒绝就是很不情愿地参与。他宁可事事亲力亲为，也不向同事求助。

杰克这样爱孤军奋战，老板又怎么可能让他去带领一个团队！

一个人对自己所在的团队负责，其实就是在对自己负责，因为他的生存离不开这个团队。他的利益是和团队密切相关的。这就好像一个水域的环境和条件，直接决定着在这一水域中的鱼类的生存状况。你若总是孤军奋战，是不会对自己有多大益处的。何况在工作中，与他人和谐相处、密切合作是一个优秀雇员所应具备的必不可少的素质之一，而越来越多的公司也把是否具有团队协作精神作为甄选员工的重要标准。团队协作不是一句空话，一个懂得协作、善于协作的员工，是提高工作效率的极好的加速器。工作能力强、具有团队协作精神的员工是公司高薪聘请的对象。而一个不肯合作的"刺头"，势必会被公司当作木桶上最短的一块木板剔除掉。

据有关专家对职场人员流动情况的研究表明，大多数人是因为不善与人相处而离开公司的，这一原因超过其他任何一种原因。

因此，现在一些大公司招聘人才时，十分注重人才的团队精神，他们认为，一个人是否能和他人和谐相处、协同合作，要比他个人的能力重要得多。

有一家著名的公司招聘高层管理人员，有9名优秀应聘者过关斩将，从众多应聘者中脱颖而出。老总看过这9个人的详细资料和初试成绩后，相当满意。但此次招聘只能录用3个人，最后由老总拍板定夺。

所以，最后又加了一项测试：老总把这9个人随机分成甲、乙、丙三组，指定甲组的3个人去调查本市婴儿用品市场，乙组的3个人调查妇女用品市场，丙组的3个人调查老年人用品市场。老总解释说："为避免大家盲目开展调查，我已经叫秘书准备了一份相关行业的资料，走的时候自己到秘书那里去取！"

到了规定日期，9个人都把自己的市场分析报告送到了老总那里。老总看完后，站起身来，走向丙组的3个人，向他们祝贺道："恭喜3位，你们已经被本公司录用了！"老总看着大家疑惑的表情，呵呵一笑，说："请大家打开我叫秘书给你们的资料，互相看看。"

原来，每个人得到的资料都不一样，甲组的3个人得到的分别是本市婴儿用品市场过去、现在和将来的分析，其他两组的也类似。老总说："丙组的3个人很聪明，互相借用了对方的资料，补全了自己的分析报告。而甲、乙两组的6个人却分别行事，抛开队友，自己做自己的。其实，我出这样一个题目，最主要的目的是想看看大家的团队合作意识。甲、乙两组失败的原因在于，你们没有合作，忽视了队友的存在！要知道，团队合作精神才是现代企业成功的保障！"

虽然每一位老板都希望自己的员工精明强干，能独当一面，但个人表现优秀并不一定就能被老板委以重任。老板重视的是整体效应，即"一花独放不是春，百花齐放春满园"。如果你是一只发现了远处有一片鲜花的蜜蜂，却不肯将花源告诉你的同伴，只顾自己采花，那么，你酿的蜜再多，也多不过一群蜜蜂酿的蜜！

一个人的表现再突出，如果忽略了和团队的整体合作，或者根本就不能或不屑与团队合作，那么从长远角度来讲，这个人既不会为团队带来持久效益，实现个人的价值也必将遥遥无期。

其实，保证事业有成的诀窍之一，便是让与你共事的人喜欢你、欣赏你。同时，你也只有在团队成员的帮助下，才能最大限度地发挥自己的才能，并成为团队中举足轻重的成员。

第4章 带着责任工作，才能实现价值

你的态度决定了你的生活

工作对你意味着什么？是一份维持生活的薪水？还是一份成就自己人生的事业？这个问题问起来似乎并无多大意义，但答案之间的差别却非常之大。生活中我们常常发现，一起到一个公司工作的人，同样的工作条件，同样的起点，几年后却产生了巨大的差距，有的人成为了公司里的核心员工甚至是中、高层领导，在该工作领域内举足轻重；有的人却一直碌碌无为，工作总是不见起色，眼睛整天盯着刚够糊口的工资，同那些优秀的人一样早起晚归，生活质量却有着天壤之别。

诚如我们所知，除了少数天才，大多数人的禀赋相差无几。那么，是什么造成了这种差距呢？是对工作的态度。

一个将工作当成生存需求的人，也就是靠工作来"糊口"的人，用工作来满足日常之需当然无可厚非，但是这种没有任何主动性、迫于无奈去工作的人，关心的只是干多少事拿多少回报，很难在工作中有长远打算，因此永远都是一个平庸者。

一个将工作当成生活保障的人，也就是想有个"铁饭碗"的人，希望凭借自己的工作过上比较安稳舒适的日子。虽然他们也能够勤勤恳恳，但因过于求稳而鲜有创举和进取之心，最终的结果仍不免流于平庸。

一个将工作当成实现自我价值的人，也就是想通过工作使自己"有所作为"的人，希望通过自己的努力工作，使别人充分认识到自己的价值，从而得到社会的认可和尊重。更希望在工作中通过不断地挑战自我，发挥出自己的创造性潜质，最终实现自身的价值。只有这种视工作为一生的事业的人才能避免流于平庸，也只有这种人，才是能够实现自身真正价值的人。

一位名人曾经说过："一个人在选择怎样度过自己的某段时间时，都是赌徒。他必须用自己的岁月做赌注。"其实，人生的任何一次选择都像是一场赌博，而且赌注无一例外的都是自己的生命，只不过正确的选择会在损耗生命的同时收获生命以外的东西，错误的选择则只是在耗费生命。从这个意义上讲，一个人选择怎样去工作，其实也就是在选择怎样去生活。因为生活的好坏与工作的得失向来有着密切的关系：一个在工作中实现自我价值的人，所能得到的"奖赏"自然可以大大提高他的生活质量和人生追求；一个在工作中抱着"糊口"的想法或者只想有个"铁饭碗"的人，所能得到薪水，则只能勉强维持他的生活现状和基本生计。何况，工作是人生中不可或缺的一部分，假使一个人 24 岁参加工作，到 60 岁退休，工作则至少占去他生命的1/3。那么，在这占去生命1/3的工作时间里，如果始终找不到一个正确的工作态度，从工作中只得到厌倦、紧张与失望，那么生活的痛苦可想而知。

小玲是某公司的一名销售员，每天早上闹铃一响，便从床上挣扎着爬起来，脑子里第一个感受就是：痛苦的一天又开始了。她早饭也顾不上吃，便匆匆忙忙地挤上公交车向公司赶去。跨入公司大门，连洗手间都来不及去，就被经理叫去会议室布置工作……一天的痛苦工作就这样开始了。

小玲上午拜访客户，一连遭到拒绝和冷遇，心情坏到了极点，仿佛世界末日到了。下午四处转了转，等到下班后回到公司胡乱在工作报表上画了几笔，便草草交差了事。回家后一看日历，总算又过了一天！想出去吃饭，钱包里的钱已所剩不多，想到离上个月发工资只过了半个月，便止不住地唉声叹气。

小玲只是将工作当作生存的需求，从来不花时间学习，思想消极，没有明确的目标和计划，从来不好好去研究自己推销的产品和竞争对手的产品，从来不反省自己和公司那些优秀员工之间的差距，不知道自己一天都在做什么，不去想为什么会遭到客户的拒绝和冷遇，不在工作中总结经验教训，每当朋友问起，只会说："单位不行！""现在做销售哪有那么容易！""哎！混一天算一天呗！"……

到了月底发工资时，看着一起进公司的员工越拿越多，自己却越来越少，小玲脸上很是挂不住。最终，在经理明为鼓励实是指责的话语下，小玲很"牛气"地炒了老板的鱿鱼。如此，几年下来换了五六个公司。日复一日、年复一年，时间就这样流逝了。结果，年龄越来越大，越来越缺少从零开始的资本，小玲最终仍是一事无成，生活一穷二白。

很多企业都可能存在小玲这样的员工：他们每天按时打卡上班、下班，或是每天早出晚归、忙忙碌碌，却不能及时完成工作，同时也很难尽职尽责。对他们来说，对待工作只需应付，上班应付、加班应付、上司分派工作任务时应付、工作检查时更要应付，甚至回家中想到第二天的工作时，也是想着怎样去应付。像这样的员工怎么可能有出色的成就呢？像这样的人怎么可能过上高质量的生活呢？

微软公司前总裁比尔·盖茨曾说："无论在什么地方工作，员工与员工之间在竞争智慧和能力的同时，也在竞争态度。一个人的态度直接决定了他的行为，决定了他对待工作是尽心尽力还是敷衍了事，是积极进取还是安于现状。态度越积极，决心就越大，对工作投入的心血也越多，从工作中所获得的回报也就相应地越多。"

1872 年，一个从医科大学毕业的应届生面临择业问题，心中烦恼不堪：像自己这样学医学专业的人，一年有好几千，竞争残酷，我该怎么办？

争取去到一个好的医院就像千军万马过独木桥，难上加难。这个年轻人没有如愿地被当时著名的医院录用，而最终去了一家效益不怎么好的自然也不怎么出名的医院。可这并没有阻止他成为一个著名的医生，并最终创立了世界驰名的约翰·霍普金斯医学院。

他就是威廉·奥斯拉。他在被牛津大学评为医学教授时说："其实我很平凡，但我总是积极地工作，脚踏实地地干活。从一个小医生开始我就把医学当成了我毕生的事业。"

对工作有崇高态度的人可以把"卑微"的工作做成"伟大"，缺乏事业心的人则把崇高的工作做成"卑下"，影响一个人的因素是什么？是这个人的学历还是这个人的工作经验？是对工作的态度。

任何一家想发展的公司，都会有一种竞争机制，不会让那些碌碌无为的庸人长期在公司厮混。任何有事业心、责任感的人，在竞争如此激烈的现代社会中，也不会让自己长期待在某个平庸的角落。

《把信带给加西亚》的作者在书中这样写道："我钦佩的是那些不论老板是否在办公室都努力工作的人；这种人永远不会被解雇，也永远不会为了要求加薪而罢工。这种人不论要求任何事物都会得到。他在每个城市、乡镇、村庄，每个办公室、公司、商店、工厂，都会受到欢迎。"

不要以为"闯事业"都是伟大的、让人津津乐道的壮举。正确地认识自己平凡的工作是成就辉煌的开始，也是成为出色雇员最起码的要求。如果在平凡岗位上的我们，以敷衍的态度对待工作，每天被动地、机械地工作，同时不停地抱怨工作的劳碌辛苦，没有任何趣味，那我们的境况会自己变好吗？收入会增加吗？会有很好的前程吗？

当然不会！这样只能永远做等待下班、等待发工资、等待被淘汰的那种为工作而工作的人。

我们左右不了变化无常的天气，却可以适时调整我们的心态。正如人们常说的那样，假如你非常热爱工作，那你的生活就是天堂；假如你非常讨厌工作，那你的生活就是地狱。因为在你的生活当中，大部分的时间是和工作联系在一起的。不是工作需要人，而是任何一个人都需要工作。你对工作的态度决定了你对人生的态度，你在工作中的表现决定了你在人生中的表现，你工作中的成就决定了你人生中的成就。所以，如果你不愿意自己的生活惨淡无味，那就从改变你的工作态度开始吧！

重视自己的工作，做出好成绩

现为通泰电子集团首席执行官的约翰·克林斯顿在向外界介绍他的成功秘诀时说："我并不认为自己有多么优秀，我只是经常对自己的员工强调，在公司中无论你是什么身份，干着什么样的工作，无论是CEO，还是普通员工，都必须记住一点，否定自己的劳动是个巨大的错误，只有看重自己所从事的工作才会有发展。"

我们知道，一个人认为自己是怎样的他便会朝着他认为的那个方向发展。你认为自己的工作很卑微，没有前景，之所以每天要去工作只是为了糊口，你对工作缺乏热情，甚至消极怠工，工作自然不会使你成功。同样，你认为自己能力有限，不能承担重任，因此在工作上只是不马虎行事，而从不积极进取，那这些想法就注定使你只能成为公司的二流员工，平平庸庸地过一辈子。

反过来，如果你认为自己很重要，自己的工作亦非常重要，便能在工作中不断总结经验，接收到一种积极的心理信号，帮助和促使你把工作中的每一件事都做得更好。一项做得更好的工作意味着更多的升迁机会、更多的薪金、更多的权益，以及更大的发展空间。

因此，一个人尊重自己的工作就是尊重自己。

著名的管理咨询专家蒙迪·斯泰尔在为《洛杉矶时报》所撰写的专栏中曾经说道："每个人都被赋予了工作权利，一个人对待工作的态度决定了这个人对待生命的态度，工作是人的天职，是人类共同拥有和崇尚的一种精神。当我们把工作当成一项权利时，就能从中学到更多的知识、积累更多的经验，就能从全身心投入工作的过程中找到快乐、发现机会，取得成功。当然，拥有这种工作态度或许不会有立竿见影的效果，但可以肯定的是，当'轻视工作'成为一种习惯时，其结果可想而知。工作上的日渐平庸虽然表面上看起来只是损失了一些金钱和时间，但是将在你的人生中留下无法挽回的遗憾。"

奎尔是一家汽车修理厂的修理工，从进厂第一天起，他就开始喋喋不休地抱怨：修理这活儿太脏了，没本事的人才干这样的活儿；一天到晚累个半死，浑身上下没一处干净地方，真是丢死人了。

如此，奎尔每天都在这种抱怨和不满的心情中度过。他认为自己的工作是一份很低等的工作，只是日复一日地在为一点可怜的工资出卖苦力。因此，他便开始消极怠工，当同他一起进厂的同事将眼光盯着师傅手上的"活儿"时，他却窥视着师傅的眼神和举动，稍有空隙便偷懒耍滑，应付手上的工作。

几年过去了，当时同他一起进厂的三个工友，各自凭着自己的手艺和工作的劲头儿，或升职做了他的上司，或另谋高就有了自己的事业，或被公司送进大学进修，只有他，仍旧在抱怨声中，做着自己蔑视的修理工。

奎尔的行为所造成的结果难道是一种偶然吗？当然不是，相反，这是一种必然。作为员工，不要幼稚地认为你对工作的轻视会瞒得过老板的眼睛。老板或许并不了解每个员工的具体表现、熟知每一项工作的细节，但他能做你的老板，或是因为经验，或是因为曾经在某方面卓有成效的努力，总之一定有他超出一般人的能力和见识，你轻视他给你的工作，他自然也会根据你对工作的态度来设定你在公司的未来。这一点，天经地义。

其实，在我们身边，像奎尔这样的人并不少见，他们不尊重自己的工作，不将工作看成是创造人生事业的必由之路和发展人格的助力，而把它视作衣食住行的供给工具，认为工作是生活的代价，是无可奈何、不可避免的劳碌。这样的错误观念将他们的人生和事业都定格在一种永远被动的生活方式里，使他们不愿意奋力崛起，努力改善自己的生存环境。对他们来说，只有体面的工作才是真正的工作，只有从事高薪的工作才能使自己致富。岂不知任何伟大的工程都始于一砖一瓦的堆积，任何耀眼的成功也都是从一跬一步中开始的。这一砖一瓦、一跬一步的累积，都需要他们在工作中以尽职尽责的精神去一点一滴地完成。

是啊，好岗位、好工作人人趋之若鹜，卑微琐碎的工作则人人避之唯恐不及。但好岗位和好工作是从哪里来的呢？什么样的工作才算是卑微琐碎的呢？

　　亨利和阿尔伯特是同班同学，两个人大学毕业后，恰逢英国经济动荡，都找不到适合自己的工作，便降低了要求，到一家工厂去应聘。恰好，这家工厂缺少两个打扫卫生的职员，问他们愿不愿意干。亨利略一思索，便下定决心干这份工作，因为他不愿意依靠领取社会救济金生活。

　　尽管阿尔伯特根本看不起这份工作，却也愿意留下来陪亨利一块儿干一阵子。然而，他上班懒懒散散，每天打扫卫生时敷衍了事。老板认为他刚从学校毕业，缺乏锻炼，再加上恰逢经济动荡，也同情这两个大学生的遭遇，便原谅了他。然而，阿尔伯特内心深处对这份工作抱着很强的抵触情绪，每天都在应付自己的工作。结果，刚干满了三个月，他便彻底断绝了继续干这份工作的念头，辞了职，又回到社会上，重新开始找工作。当时，社会上到处都在裁员，哪儿又有适合他的工作呢？他又不得不依靠社会救济金生活。

　　相反，亨利在工作中抛弃了自己作为大学生——高等学历拥有者的身份，完全把自己当作一名打扫卫生的清洁工，每天把办公室走廊、车间、场地都打扫得干干净净。半年后，老板便安排他给一些高级技工当学徒。因为工作积极，认真勤快，一年后，他成为了一名技工。这时，他依然抱着一种积极的态度，在工作中不断进取。两年后，经济动荡的局面稍稍稳定后，他便成为了老板的助理。而阿尔伯特，此时才刚刚找到一份工作，在一家工厂做学徒。但是，他认为自己是高等学历拥有者，应该属于白领阶层。结果，在自己的工作岗位上，仍然把活儿干得一塌糊涂，最终在某一天又回到街头，再次开始寻找工作。

今天工作不努力，明天努力找工作。一个不轻视自己工作的人，工作中任何一件琐碎和不起眼的小事都会成为他成长和锻炼自己的机会，一个尊重自己所从事的工作的人，根本无须为自己的未来担心。

平凡的是工作岗位，平庸的是工作态度。无论你从事的工作多么"卑微"，都不要看不起它。要知道，所有正当合法的工作都是值得尊敬的。只要你诚实地劳动，没有人能够贬低你的价值，你在工作中所能收获的一切，完全取决于你对工作的态度。

不努力工作，就会疲于找工作

生活中，我们经常可以看见这样一些人，他们整日在不同公司之间穿梭，看起来很忙，却不是在为工作而忙，而是在忙着到处寻找工作。他们曾经在许多公司任职，从事过不同的职业，能力不能说没有，却被自己满腹的抱怨所掩盖。其实，他们所抱怨的东西并不是导致失业的最主要原因。恰恰相反，这种抱怨的行为正说明，他们现在的处境——四处寻找工作的苦楚，完全由自己一手造成。

他们说："每天累死累活，只能拿到这点钱，这算是什么工作？"

他们说："老板太抠门，干得再好有什么用？"

他们说："公司领导一个比一个差劲，这根本就是一个烂摊子，在这儿干得再久也翻不了身。"

……

他们抱怨公司的老板抠门儿，抱怨工作时间过长，抱怨公司管理制度严苛，甚至抱怨自己当初怎么会进这家公司……他们的种种抱怨，有时会在管理者和被管理者固有的矛盾之间得到一些实据，也许也会受到一些良善之人的宽慰，使自己的内心压力暂时得到一定的缓解，也不会给公司造成损失而影响自己的发展。但是，持续的抱怨势必会使人的思想摇摆不定，进而不能专注地工作，甚至会敷衍了事。久而久之，问题自然就出现，到那时即使他们不炒老板的鱿鱼，老板也已将他们排在了最应辞去的名单之列。何况，如果他们因此养成抱怨的习惯，想找到下一份工作，或者想在下一份工作中有所作为，实是一件很难的事。这一点，凡是频繁换过工作的人都应该有所体会。

《把信带给加西亚》的作者曾向一位聘用过数以百计员工的管理者请教，他是如何考察不同的应聘者的。这位管理者说："我招聘员工时，十分看重应征者如何评价自己刚刚离开的那家公司和以前从事的主要工作。如果前来应征的人只是说过去雇主的坏话，甚至恶意中伤，这种人我是无论如何也不会加以考虑的。"

抱怨使人思想肤浅、心胸狭窄，一个将自己的头脑装满了抱怨的人无法容纳未来，也不会被未来容纳。

看看我们周围那些只知抱怨而不努力工作结果只能不停找工作的人吧，他们从不懂得珍惜自己目前的工作机会，总是抱着近乎愚蠢的奢望，以为下一个会更好。他们不懂得，丰厚的物质报酬是建立在努力工作的基础上的，他们更不懂得，即使薪水微薄，也可以充分利用工作的机会提高自己的技能。他们在日复一日的抱怨中失去一次又一次的工作机会，任自己的大好年华白白流逝，使自己未能增长技能只能在飞速发展的现代社会变得一钱不值。他们始终没有清醒地认识到一个严酷的现实：在竞争日趋激烈的今天，工作机会来之不易。不珍惜工作机会，不在自己现有的工作中努力，不管学历有多高、能力有多强，最终都会被庞大的失业队伍所淹没。

小王大学毕业后便找到了一份不错的工作，同学、朋友都祝贺他，他开玩笑道："瞧瞧你们那点儿追求，这工作就算好了？这只是开头，好的还在后面呢。"小王工作后，在公司附近租了一套房子，这时他的女友也找到了一份不错的工作，于是两人决定合租。两个人两份工资，交完房租外，剩下的足够生活之需，日子过得相当惬意。

可是好景不长，小王就突然烦躁起来，一回家就对女友诉说对公司的不满，抱怨公司领导层的无能，没几天甚至辞职另找了一份自己认为不错的工作，并将家也搬了过去。

如此几年后，他因不停更换工作，将家从南城搬东城，再从东城搬到北城，有时一年中光搬家就有好几次。她的女友开始还以为他真的没碰上好工作，还经常安慰他，让他不要着急。后来越发觉得不对，也慢慢对他各种各样的抱怨产生了反感，终于在他又一次准备辞掉工作时，向他发出了最后通牒。

她说："咱们俩在一起这么多年，光工作你就换了七八个，每个你都说不行，难道这些公司真都像你说的那样不行吗？我看你干事就是虎头蛇尾，而且不愿意吃苦，别人住在东城都可以去北城上班，你为什么不行？"接着又说，"如果你这次再不坚持下去，我看我们也只能做个普通朋友了。"

听了女友的话，小王不知如何是好，没几天就一个人搬了出去。原来，这次不是他不想坚持干下去，而是他没好好干公司要辞他，他不好意思给女友说实话，才说是自己想要辞职的。这样的事在他身上并不是第一次发生，却是第一次无可挽回。

几个月后，小王在一家超市门口碰到他的女友，女友问他最近怎样，他很尴尬地笑了笑说："现在要找一份好工作真是不容易，到处都是找工作的人，竞争很激烈。不过我刚找到一家还算合适的，虽然工作性质和以前不同，工资也没有以前的高，但和我找的别的几家比起来已经很不错了。"

女友看到他这种情况显然不知道该说什么。

他却急忙说："我得走了，这家公司约我两点半面试，我不能迟到。"

故事中小王的遭遇很极端，却极具代表性。生活中像他这样因不努力工作而不得不去找工作的人比比皆是，他们在一次一次的失业中降低了自己，结果使自己只得到了蔑视。

人们说，赌博就像用两只碗来回倒一碗水，倒来倒去，只有一个结果：碗里的水越来越少。其实，因为自己不努力而频繁更换工作也一样，不过是用无数个碗来倒一碗水，最后能剩下什么可想而知。

现在社会上找工作的人越来越多，北京一年光大的招聘会就不下百场，每一场都人满为患。据此，很多人认为，大多数人的失业是经济不景气，减少了对劳动力的需求，才使得很多很有能力的人无工可做。事实真的是这样吗？当然不是，现在许多公司、机构里，有很多空缺职位没有合适的人填补。在报纸上，到处都有"诚聘职员"的广告，许多老板正急切地想找到能为自己所用的人才。再者，一年不下百场的招聘会本身也说明这种说法根本不能成立。

如果非要对此做出解释，那答案或许只有一个：所有的公司需要的都是那些受过良好的职业训练、具有非凡才干的人才和那些能够努力工作、积极进取的员工，而不是投机取巧、马虎轻率、嘲弄抱怨、朝秦暮楚的平庸劳动力。

迈斯曾经做过许多种工作，却一次次地沦为一个可怜的失业者。他总是唉声叹气地对身边的人说："工作压力太大，生活负担太重。"他

渴望获得一个有充分休闲时间的工作，有时候甚至将无所事事看成一种
人生乐趣。

如此一来，他换了很多种工作，但没一个能达到他要求的标准，于
是人到中年时，仍觉得自己的生活苦不堪言，想改变却又无从着手，只
好逢人便说："我怎么这么倒霉，这么多年连个像样的工作都找不到。"

我们知道，人一般都有好逸恶劳的习性，按部就班的人不会没事找事，如果
不是被环境所迫，多半都只会安于现状，不求改进。而当不幸真的降临时，他们
却只会问："为什么倒霉的事总发生在我身上？"却从不在自己身上找原因。

好工作不是找出来的，是干出来的。其实，我们每个人都拥有成为优秀员工
的潜能，都拥有被委以重任的机会，都面对着升迁和加薪的大门。但是，为什么
一定要等到无路可走的时候，在遭遇人生的"晴天霹雳"之后，才试着改变自
己的心态和做事方式呢？不要在平安舒服的日子里让光阴一点点溜走，不要在那
里坐等"晴天霹雳"突然将你击倒。努力工作的人懂得，要把命运牢牢地掌握
在自己手中，不给"晴天霹雳"击倒自己的机会。

有位哲人说过，只有拒绝成长的人才会觉得成长痛苦不堪。上天通常都是先
用温和的警示来提醒我们，但当我们对他的警示置之不理时，他老人家才会重重
地敲下一锤来。

要从平凡的工作中脱颖而出，一方面由个人的才能决定，另一方面则取决于个
人的进取心态。这个世界会为那些努力工作的人大开绿灯，直到他的生命终结。

在《把信带给加西亚》一书中，有这样一段话："每个雇主总是在不断地寻
找能够助自己一臂之力的人，同时也在抛弃那些不起作用的人——任何阻碍公司
发展的人都要被拿掉。每个商店和工厂都有一个持续的整顿过程。雇主会经常送

走那些显然无法对公司有所贡献的员工，同时也吸引新的员工进来。不论业务多么繁忙，这种整顿会一直进行下去。而只有在公司不景气、就业机会不多的情况下，整顿才会出现较佳的成效——那些不能胜任、没有敬业精神的人，都被摈弃在就业的大门之外，只有那些勤奋能干、自动自发的人才会被留下来。"

为了公司的利益，每个老板只会保留那些在工作中最努力、在岗位上最称职的职员。

今天工作不努力，明天疲于找工作。珍惜你现在的工作，做一个努力工作的人吧，这或许并不是你唯一的选择，但肯定是你最聪明的选择。

想有所作为，就做最需要的员工

要想在自己的职位上有所作为，就要搞清楚老板最需要什么样的员工来为他服务，然后按照这个标准努力让自己成为老板最需要的员工。到底什么样的员工是老板最需要的呢？

1. 接下别人不爱干的活

公司在发展，个人的职责范围也随之扩大。不要总是以"这不是我分内的工作"为由来逃避责任。当额外的工作指派到你头上时，不妨视之为一种机遇。

一个踏实而积极的人会去做别人不愿意做的事情，凭着"自己为他人所不为"来取得老板的信任和关注。在老板看来，能做好小事的人才能做好大事，能对苦事、难事迎头而上的人才能委以重任。而你的成功之路往往就会因此而越来越宽、越来越长。

2. 不断充实自己

身处这样一个充满竞争的时代，如果你不积极进取、不充实自己，只坐在功劳簿上等着上帝的垂青，即使你不想淘汰自己，也终会被别人所淘汰。只有那些永不满足、不断充实自己的人才能到达理想的高峰。

3. 成为不可替代的人

若有一技之长，你的个人素质尤其是在职业素质上超过了别人，你就具有了竞争力，就表明你能在这个岗位上独占地位。因此，你必须看清楚自己所处的形势，不断地付出努力，用心去工作，在实际工作中下功夫提高自己的含金量，加大自己在老板心目中的砝码，进而才能在职场中立于不败之地。

想想看，在职场上，你是不是可以成为老板不可或缺的员工呢？如果你的答案是否定的，那么赶紧培养自己的一技之长吧，努力成为那个不可或缺的人。

4. 敢于面对压力

当老板要你接手一份额外工作时，请你把它视为一种赞赏。千万不要对你的老板说："不，我没时间，那不是我分内的工作。"你应该立即积极热情地回答："没问题，我一定尽全力完成。"

虽然每个部门和每个岗位都有自己的特定职责，但总有一些突发性任务必须有人完成，而这些任务往往还是比较紧急或重要的。如果此时你主动请缨，会给老板留下深刻的印象。即使是一件艰巨的任务，你也应该勇于承担。不论成功与否，这种迎难而上的精神也会让大家更加认同你。

5. 明确老板的意图

对于一个老板来说，最关心的是以你的才能和能力是否能给公司带来最大的利润。因此，在开始你的工作以前，你必须清楚地了解自己在公司的位置，以及老板对你的位置的期望值，并尽可能通过各种途径去了解老板的意图。一个人是主动地挖掘自己在工作中的潜力还是被动地适应工作，其结果是完全不一样的。

为老板创造最大的利润就能成为老板最需要的员工，对自身而言也是非常重要的。

成为自己所在领域的专家

专业技能水平的高低对于员工在这个行业中的成长具有关键作用。可以说专业技能是实现个人成长的敲门砖，无论你是普通职员，还是一个建筑工程师，都要以这块敲门砖来打开通往成功的大门。任何人都不可能脱离专业技能之本而空谈发展之路，专业技能决定了人的价值。成为所在领域顶级的专家是一个人的明智之选。

现代社会的竞争形势如此激烈，你若不能在某一领域熟练地掌握专业技能，实现人生价值就无从谈起，还可能是下一个遭到淘汰的人。在迷茫之后选择了某一行业，就不要轻易改变自己的选择，因为上帝从来不会记住那些频繁更换人生轨道的匆匆过客，老板也不喜欢这样的员工。只有那些执着甚至顽固的人才能得到上帝的青睐。

南方一家煤炭公司的肖克，是一名有着30年工龄的普通却不平凡的员工，从锅炉工到司炉长、班长、大班长，至今他仍深爱着陪伴他成长并成熟的锅炉运行岗位。就是在这个岗位上他当上了锅炉技师，成为远近闻名的"锅炉点火大王"和"锅炉找漏高手"；就是这个岗位，让他感受到了作为一名工人技师的荣耀和自豪。

肖克有一双听漏的"神耳"，只要围着锅炉转上一圈，就能在炉内的风声、水声、燃烧声和其他声音中，准确地听出锅炉受热面哪个部位管子有泄漏点；往表盘前一坐，就能在各种参数的细微变化中，准确判断出哪个部位有泄漏点。

除了找漏，肖克还练就了一手锅炉点火、锅炉燃烧调整的绝活儿，在用火、压火、配风、启停等多方面都有独到见解。锅炉飞灰回燃不畅，他提出了技术改造和加强投运管理建议，实施后使飞灰含碳量平均降低到8%以下，锅炉热效率提高了4%，为企业年节约32万元。针对锅炉传统运行除灰方式存在的问题，肖克提出"恒料层"运行，经实施，解决了负荷大起大落的问题，使标准煤耗下降0.4克/千瓦时，年节约200万元。

只有相对稳定地在一个行业中发展，才能不断激发你的奋斗精神，你才能全力以赴地投入到工作当中，才能在工作中获得成就感与满足感，才能不断挖掘和提升自己的潜能，才能使自己的成长更加顺利，才能使为自己提供工作机会的公司更上一层楼。

许多人由于对自己的人生还不确定，常常三心二意，不知自己将来要做什么。设定目标是首先要做的功课，然后就是坚忍执着地前行。如果你不停地变换工作，那么你在任何行业都只是一个新手。因为你不停地变换工作，就得使自己不停地适应新的工作，导致根本没有机会和时间去提高自己的专业技能。

机会蕴含在每一次认真工作中

人生在世，每干一件事都有一件事的意义，没有人愿意在一件没有意义的事情里长久地耗费自己宝贵的时间。我们知道，工作对人而言，是一辈子的事，无论你从事一项工作到老，或是到老时已换了几个工作。

那么，我们究竟为了什么要去工作呢？

除了维持生计，我们还能从工作中获得什么呢？

我们这样工作一辈子对自己的人生有何实质的意义呢？

在许多员工眼里，自己认真工作只是在帮助自己的"上司"成功，他们觉得自己在公司的贡献再大也只能得到那么一点薪水，并不能从中再获得其他什么实质性的东西，自己再怎么努力，一辈子的前景似乎早已摆在了眼前。因此，一旦付出超出薪水的努力便会觉得自己吃了亏，"便宜"了老板。事实上，这是一种认识上的误区。这种认识误区所导致的直接后果便是在工作上裹足不前，无法为自己的工作创造更大的价值，同时也埋没了自己的才干。

在任何一个公司，员工为老板打工，老板付给员工报酬，这是肯定员工价值的一种体现。但是，除了工资之外，任何一家公司其实还给了每一位员工很多更加珍贵的东西，那就是工作经验的丰富和良好工作习惯的养成，还有就是职业品质的提高和个人品德的完善。这些东西，对每一个企求在工作中有所发展的人而言，都比有限的薪金贵之百倍。如果员工在企业里工作时能很好地获得这些，将会是受益一生的财富。这些财富便是他日后得以成功的资本。

由此，我们可以知道，那些只为工资而工作的人，其实是对自己的人生事业缺乏长远规划的人。这样的人在一个公司里工作再久，也对公司的美好前景无多大益处，对自己的生命也是一种摧残。不能在公司中发挥应有的作用，得不到公司领导层的赏识，不注重工作技能和职业品质的提高，每一天的工作除了保证月底能拿到薪水外，实是让自己的事业生命一天天枯萎。相反，那些在工作中抱有长远眼光的人，认真做事、踏实工作，付出虽常常超出自己的所得，却因此从中获得了使自己不断提升的机会，从而慢慢成为被"羡慕"的人。

有个名叫汤姆的小伙子，在一家广告公司工作了一年，由于不满意自己在公司所受到的待遇，有一次愤愤地对朋友说："我在公司里的工资是最低的，公司同事不把我当回事儿，老板也不把我放在眼里，如果再这样下去，总有一天我会和他们拍桌子，然后辞职走人。"

他的朋友听后问道："那你把这个公司的业务都搞清楚了吗？公司运营的窍门你都完全搞懂了吗？"

汤姆气愤地说："没有。"

"没有！如果是这样的话，我建议你先静下来，认认真真地对待工作，把他们的一切经营技巧、商业文书和业务往来完全搞通，甚至把如何书写合同等具体事务都搞懂了之后，再一走了之，这样你不仅为自己出了气，还能让自己有所收获，不是吗？"汤姆的朋友说道。

汤姆听从了朋友的建议，一改往日的散漫作风，开始仔仔细细、认认真真地工作起来，甚至下班后还要在办公室研究商业文书的写法。

一年之后，汤姆偶然遇见了那位朋友。

朋友问道："你现在大概都学会了吧，可以拍桌子走人了吧？"

汤姆有些难为情，但脸上明显洋溢着快乐："可是我发现近半年以来，公司每个人都对我很好，老板也开始对我刮目相看，最近还对我委以重任。我的职务升了，工资也比以前高很多了，说实话，现在我已经成为公司里最受欢迎的人了。"

"这是我早就料到的！"他的朋友笑着说，"当初你在公司不受欢迎、不被老板重用，是因为你根本不重视那份工作，不努力去工作，也不认真去学习；后来你痛下决心，积极工作，努力学习，工作能力自然加强，做的工作也自然越来越重要，他们当然对你刮目相看了。"

你糊弄工作，工作自然也会糊弄你。如果目前你工作得不顺利，不妨从自己身上多找找原因，首先摆正自己的工作态度，然后认真对待每一项工作。其实，许多成功人士的经验都是从工作中学来的。无论你新进一家公司，或是在一个单位已经工作了很久，都可以将每一次工作当作一个学习的机会，从中总结行业经验、学习业务知识、提高个人修养、完善个人职业品质。如此，岂不是一举多得？反之，如果你不认真工作甚至投机取巧，虽可能得到一时的清闲，但却会在你以后的工作中埋下隐患，让你最终得不偿失。因此，能够认真对待每一份工作的人，实是最能为自己创造机会的人，因为他们在工作中所养成的一切优秀品质，可助他们日后在同别人的竞争中占得先机。

维斯康公司是美国 20 世纪 80 年代最为著名的机械制造公司，许多前去参加该公司每年一度的招聘会的应聘者都被拒绝了，詹森也不例外。但是他并不死心，暗暗发誓无论如何也要进入这家公司。

为了能够进入这家公司，他决定从最底层干起。于是，他假装自己一无所长，找到公司人事部提出为该公司无偿提供劳动力，请求公司分派给他工作，他将不计任何报酬来完成。公司起初觉得不可思议，但考虑到不用任何花费，也用不着操什么心，便分派他去打扫车间的废铁屑。

在接下来的整整一年时间里，詹森认认真真地重复着这项简单而又劳累的工作。为了糊口，下班后他还得去酒吧打工。尽管他得到了公司领导层和员工的一致好感，但仍然没有一个人提到录用他的问题。

1990 年初，因为生产质量问题，维斯康公司的许多订单被退回，理由无一不是产品质量存在问题，公司为此蒙受巨大损失。公司董事会为了挽救颓势，紧急召开会议，寻找解决方案。会议进行了一大半，仍未拿出有效的方案。这时，詹森胸有成竹地闯入会议室，提出了自己的解决方案，并拿出了自己的产品改造设计图。这个设计非常先进，既恰到好处地保留了产品原有的优点，又克服了已经出现的弊病。

总经理及董事会成员看到这个编外清洁工竟有如此精深的专业技能，便询问他的背景及现状。于是，詹森当着公司高层决策者的面，将自己的意图和盘托出。之后，经董事会举手表决，詹森当即被聘为公司负责生产技术问题的副总经理。

原来，詹森利用清扫工可以到处走动的便利条件，细心察看了整个公司各部门的生产情况，并一一详细记录下来，然后花了一年时间针对一些部门生产技术上的漏洞搞设计，终于为自己的人生事业创造了一个绝好的机会。

詹森甘愿在维斯康公司当一名清洁工，最终抓住了这个工作所能带给他的成功机会。他知道自己在为公司工作的同时，也是在为自己的未来工作。因此，他把平凡的工作当成了一个宝贵的学习机会，在不懈的努力中为自己的未来创造了成功的契机。

美国零售业大王杰西·彭尼说："一个人要想有所成就，最明智的办法是选择一份即使报酬不多也愿意做下去的工作。因为暂时的放弃是为了未来更好地获得。因为你在为公司工作的同时，也是在为自己的未来工作。"

在一个人的成长过程中，每一个梯级就是一个舞台，每一个舞台都可以让你得到展示自己的机会。只要认真去对待每一份工作，将脚下的每一步走好，即便最简单和微小的事情也会令你从中受益，为自己创造成功的机会。

第5章

结果是衡量工作质量的标准

只要结果，不要理由

很多员工在工作出问题后，第一个拿出来的理由往往是：我并不十分清楚我的责任，所以才没有做好。

因为不清楚，所以才没有做好，看起来情有可原。其实，在这个理由的背后隐藏着一个非常简单的问题：为什么不清楚自己的责任？是别人没有说清楚呢，还是自己没有领会清楚？如果你对自己的责任边界还没有清楚的认识，那么你清楚自己在做什么吗？别告诉别人你根本就不清楚自己在做什么。

这种理由归根结底还是个人缺乏责任感，自己本来就没想弄清楚自己的责任，或者即使清楚也不想承担责任，才找到这样一个理由。这个理由其实比较无力，经不起推敲，但是很多人都会拿这个理由作为自己推卸责任的挡箭牌，遗憾的是，它根本不能为你挡住什么。

一个员工与其为自己的失职找寻理由，倒不如大大方方地承认自己的失职，领导者会因为你能勇于承担责任而不责难你。相反，敷衍塞责，推诿责任，找借口为自己开脱，不但不会得到别人的理解，反而会"雪上加霜"，让别人觉得你不但缺乏责任感，而且还不愿意承担责任。

员工常用的第二个理由是：肯定是其他环节出了问题，所以我这儿才有问题。

一个棒球少年在训练基地进行训练的时候，在漏接了三个高飞球之后，甩掉手套走进球员休息区，说："在这烂球场没有人能接得住球的。"出现问题时，少年首先考虑的不是自身的原因，而是把问题归罪于外界或者他人。强调如果别的环节没有问题，自己肯定不会有问题，借机把问题引到其他人身上，以减轻自己的责任。这是大多数处于中层领导位置上的员工经常使用的理由。

作为各部门的经理，只有有效地协调和沟通才可以避免责任真空。但往往会有责任真空出现在各部门之间，这也成为出现了问题之后，各部门能够推诿责任的借口。

比如，经营部出现了问题，经营部的经理为了避免本部门承担过多的责任，而认为业务部或者是生产部也有问题。一个部门出现问题就有可能引出很多连带的责任，进而认为整个公司在某些方面都存在问题，把责任大而化之，这样会造成责任的承担人增加，相应地就会减少单个部门所承担的责任，即使承担责任也不会很重，因为还有其他部门需要和他们一起承担责任。

这的确不失为是一个推诿责任的好理由，不过最高层级的管理者自会看得分明。如果凭着这个理由侥幸逃脱一次，那么这个理由只能用这一次。不过，使用这个理由的代价就是你很难再和其他的中层领导者更加协调地合作，因为没有人愿意和一个不愿承担责任的人合作。这样做的结果就是伤害了团队里的其他成员，进而会伤害整个团队的和谐与统一，以及整个团队的战斗力。

使用这个理由的确要付出代价，而且这个代价是个人不能承担的。一个团队里只有领导者敢于承担责任，整个团队才会是一个有责任感的团队，这也是整个团队团结统一的基础。相反，出现问题没有人敢承担或者愿意承担，那么这个团队就已经不具备任何战斗力了，等着对手来把它打垮吧。

很多基层员工则常用这样的理由：谁有权力谁负责，我只是一个兵。

的确是，"我只是一个兵，领导指哪儿我打哪儿，打错了也不能怨我呀"。这个理由看起来的确很有说服力。作为一个兵，有义务忠诚于自己的团队，并对团队负有责任，这是一个兵的责任。比如，你有责任忠诚地执行统帅下达的命令，但是在命令正式执行之前，你已经意识到这个决定有缺陷或者不适合执行，你就有责任把你的真实想法反映给你的统帅，无论你的统帅是否接受你的建议。

如果你已经意识到这个决定的确存在问题，可是考虑到自己的身份和一旦决策失误你也并没有承担责任的义务，因此而不去提出你的真实想法，最终可能导致任务的失败。

从另一个角度来讲，虽然你是一个兵，的确没有什么权力，但你的工作就是你为整个组织或者团队承担的责任。保拉·马丁说："只要属于你的工作范围，你就必须负责。"你没有做好自己的工作或者没有完成任务，没有人会为你承担责任。

需要提到的是，你的领导也要因为你而承担不可推卸的责任，因为他没有使自己的兵为整个组织承担起一个兵的责任。其实，作为一个士兵可能的确不需要负什么实质性的责任，但是对于整个团队而言，若团队失败，则每一个成员的利益都要受到损害，无论是统帅还是士兵。组织整体的责任属于每一个人，作为士兵，又怎能不对整个团队负有责任呢？

所以，如果你真的是一个兵，你的理由也只具有表面的合理性，就深层次来讲，它并不能够成立。

员工还爱说"如果如何如何，我就不会出现问题了"。

把出现的问题归咎于某种假设，在很多领导者看来，这是一个比较无力的理由。这在某种程度上可以看成是这个人有良好的愿望和意图，但是由于对整个行为的分析不够充分，导致某个环节出现了问题。

一些人不去考虑怎样解决已经出现的问题，而是强调，"如果如何如何，我就不会出现问题了"。假设不能代表现实，无论懊悔也好，逃避责任也罢，都不能解决任何问题。

其实，假设每个环节都十分完美，假设所有的人都完成得很出色，那还需要你努力去做吗？与其在这里挖空心思想各种理由来推卸责任，还不如想一想怎么做才能够真正承担起责任，把出现的损失降到最低点。

还有人说：我不是故意的。

这是一个很无辜的解释。"我也不想出错，我也不是故意的。您能不能原谅我？"当你的员工这样小心翼翼地问你的时候，或许你可能就原谅他了。但是，你有没有想过，不是故意出错，就说明可能是不小心、不留神、马虎才出错的，一个对待工作不小心、不留神、马虎的员工，又怎么能够把工作完成得圆满出色呢？

如果一个炼钢工人不小心炼出了一批劣质钢材，一家建筑公司准备用这批钢材建筑房屋，他的一个不小心可能就关乎很多人的生命。一句"我不是故意的"，就能推卸掉他应该承担的责任吗？

如果一个护士不小心拿错了药，她的一个不小心，就可能导致一个家庭的悲剧，而一句"我不是故意的"，就能推脱了责任吗？能够挽回这出悲剧吗？

如果一个公司的财务人员，在汇款时不小心写错了一个数字，他的一个不小心，可能就会使公司蒙受巨大的损失。一句"我不是故意的"，就能推卸掉责任吗？

其实，这些都说明了一个问题，就是如果一个人能保持高度的责任感，有一颗强烈的责任心，这些问题就不会出现。

"我不是故意的"这个理由的确很让人怜悯，也会给人一种无辜感，但是无论怎么样，该承担的责任一点儿都不会少，想推卸责任也推卸不掉。

要知道，理由永远只是理由，不会有助于解决任何问题，反而会影响问题的解决。与其将责任像个皮球一样踢来踢去，还不如主动将责任承担下来，再去想解决问题的方法。

对自己的工作结果负责

对结果负责，就是说不管发生什么情况、遇到什么困难，都要重视结果，承担责任。对结果负责既是老板的要求，也是取得好业绩最直接的保证。

作为一个公众演说家，富斯特发现自己成功的最重要一点是让顾客及时见到他本人和他的材料。

事实上，这件事情如此重要，以至于富斯特管理公司有一个人的专职工作就是让富斯特和他的材料及时到达顾客那里。

　　"最近，我安排了一次去多伦多的演讲。飞机在芝加哥降落之后，我往公司办公室打电话以确定一切都已安排妥当。我走到电话机旁，一种似曾经历的感觉浮现在脑海中：

　　"8 年前，同样是去多伦多参加一个由我担任主讲人的会议，同样是在芝加哥，我给办公室里那个负责材料的琳达打电话，问演讲的材料是否已经送到多伦多，她回答说：'别着急，我在 6 天前已经把东西送出去了。''他们收到了吗？'我问。'我是让联邦快递送的，他们保证两天后到达。'"

从这段话中可以看出，琳达觉得自己是负责任的。

她获得了正确的信息（地址、日期、联系人、材料的数量和类型），她也许还选择了适当的货柜，亲自包装了盒子以保护材料，并及早提交给了联邦快递，为处理意外情况留出了时间。

但是，正如这段对话所显示的，她没有负责到底，直到有确定的结果。

富斯特继续讲他的故事：

"那是 8 年前的事情了。随着 8 年前的记忆重新浮现，我的心里有些忐忑不安，担心这次再出意外，我打通了助手艾米的电话，说：'我的材料到了吗？'

"'到了，艾丽西亚 3 天前就拿到了。'她说，'但我给她打电话时，她告诉我听众有可能会比原来预计的多 400 人。不过别着急，她把多出来的也准备好了。事实上，她对具体会多出多少也没有清楚的预计，因为允许有些人临时到场再登记入场，所以我怕 400 份不够，为保险起见寄了 600 份。还有，她问我你是否需要在演讲开始前让听众手上有资料。我告诉她你通常是这样的，但这次是一个新的演讲，所以我也不能确定。所以，她决定在演讲前提前发资料，除非你明确告诉她不这样做。我有她的电话，如果你还有别的要求，今天晚上可以找到她。'"

艾米的一番话，让富斯特彻底放下心来。

艾米对结果负责，她知道结果是最关键的，在结果没出来之前，她是不会休息的——这是她的职责！

所有的领导人都渴望能找到像艾米这样的雇员为他们工作。

安德鲁大学毕业后，在一艘驱逐舰上工作。

这艘舰艇是三艘姐妹舰中的一艘，它们出自同一家造船厂，来自同一份设计图纸，在 6 个月的时间里先后被配备到同一个战斗群中去。

派到这三艘舰只上的人员的来源也基本相同，船员们经过同样的训练课程，并从同一个后勤系统中获得补给和维修服务。

唯一不同的是，经过一段时间，三艘舰艇的表现却迥然不同。

其中的一艘似乎永远无法正常工作，它无法按照操作安排进行训练，在训练中表现也很差劲。船很脏，水手的制服看上去皱巴巴的，整艘船上弥漫着一种缺乏自信的气氛。

第二艘舰艇恰恰相反，从来没有发生过大的事故，在训练和检查中表现良好。最重要的是，每次任务都完成得非常完满。船员们也都信心十足，斗志昂扬。

第三艘舰艇，则表现平平。

造成这三艘舰艇不同表现的原因在哪里？安德鲁得出结论：因为舰上的指挥官和船员们对"责任"的看法不一。表现最好的舰艇是由责任感强的管理者领导的，而其他两艘不是。

经过一段时间，这三艘舰艇都面对着同样的设备、人员和操作问题。

表现最出色的舰艇秉承的责任观是：无论发生什么问题，都要达到预期的结果。而表现不佳的指挥官却总是急于寻找借口："发动机出问题了！"或者是，"我们不能从供应中心得到需要的零件"。

成功的职员一定是负责任的。他们关注于结果，并想尽一切办法去获得结果。他们只关心结果，对找借口不感兴趣。他们只在意是否做了正确的事情，而不愿意为花了精力和资源却没能带来积极结果的事情找理由。

对结果负责，不给自己任何逃避的借口，坚持下去，你一定是业绩最优秀的那一个。

忙，但别瞎忙

这是一场异常激烈的比赛，赛场上火药味很浓，马刺队的邓肯和基诺比利被网队恶意犯规了好几次，差点儿动起手来。马刺是一支伟大的球队，不过这场比赛他们发挥得并不理想。比赛从第二节开始，他们就好像失去了开场时的耐心，每次进攻都仓促地在十几秒内完成（一次进攻的时限是24秒），仓促出手之后球总是和篮筐离得很远。

即使基诺比利拼命地抢下篮板球，有效的进攻依然组织不起来。而网队则打得有条不紊，运球，妙传，过人，投篮，球又进了！到第四节结束时，网队以98比87取得了全场胜利。

赛后的技术统计显示，马刺队比网队多组织了25次进攻，而命中率却是对方的64%，有近一半的进攻是毫无成效的，这是他们失利的最主要原因。

忙忙碌碌就一定好吗？不停地撒网，却捞不到鱼；只出手一次，却收获颇丰。两者相比，老板更喜欢哪个？结果会说明一切。忙，就忙到点子上，这样才会有皆大欢喜的结局。

有一个很自信的健壮青年来到一处伐木林场找工作，看见门口高悬着一块告示，上面记载了某个人一日劈柴的最高纪录。这位青年很有把握地向林场主表示：虽然他没有算过自己的纪录，但只要给他三天的时间，他自信能够打破最高纪录。林场主听了很高兴，便给他一把利斧，并表示愿意提供高额的破纪录奖金，大家也对他寄予厚望。

第一天，年轻人很努力地劈柴，果然不负众望，离最高纪录只差一点点。他心想：只要我明天早点起床，再努力点，打破纪录一定没有问题。

第二天，他起得很早，并且更卖力，但没想到成绩却比昨天落后了。他心想：一定是睡眠不足，体力减退的关系。所以他当晚很早就睡了。

第三天天未亮，他便精神抖擞地开始劈柴，比前两天更认真，但一天下来，他劈的柴却比前一天更少了。

那位年轻人觉得很奇怪，他那么努力，为什么劈的柴却越来越少？林场主也很纳闷儿地和大家一起思考。最后大家发现，虽然给了年轻人上好的斧头，但这把斧头一连三天都没有再磨过，所以越用越钝。

一味蛮干是愚人才会做的事情。不肯动脑筋思考事情的重点在哪里，从何处着手才能收益最大，而仅仅是苦干，那么结果往往是出力不讨好。

台湾地区的大富豪王永庆，早年因家贫读不起书，只好去做买卖。1932 年，当 16 岁的王永庆在台湾嘉义开了一家米店时，小小的嘉义已有近三十家米店，竞争非常激烈。当时仅有 200 元资金的王永庆，只能在一条偏僻的巷子里承租一个小的铺面。他的米店开办最晚，规模最小，更谈不上知名度了，没有任何优势。

在新开张的那段日子里，生意冷冷清清，门可罗雀。当时，一些老字号的米店分别占据了周围大的市场，而王永庆的米店因规模小、资金少，没法做大宗买卖。大宗买卖做不了，若专门搞零售呢？那些地点好的老字号米店在批发的同时，也兼做零售，可没有人愿意到他这地角偏僻的米店买货。王永庆曾背着米挨家挨户去推销，但效果不好。

怎样才能打开销路呢？王永庆感觉要想米店在市场上立足，自己就必须有一些别人没有做到或做不到的优势才行。经过一番考察和思索，他决定在提高米的质量和服务上下功夫，形成自己的优势。

20 世纪 30 年代的台湾，农村还处在于工作业状态，稻谷收割与加工的技术很落后，稻谷收割后都是铺在马路上晒干，然后脱粒，沙粒、小石子之类的杂物很容易掺杂在里面。所以，当时用于出售的稻米普遍夹杂着秕糠、沙粒、小石子等杂物，买卖双方也都习以为常，见怪不怪。

王永庆却从这一司空见惯的现象中找到了突破口。他带领两个弟弟一齐动手，不辞辛苦，不怕麻烦，一点一点地将夹杂在米里的秕糠、沙石之类的杂物捡出来。这样，王永庆的米店卖的米质量就要高一个档次，因而深受顾客好评，米店的生意很快红火起来。

在提高稻米质量的同时，王永庆还打破常规，推行主动送货上门的服务，这一方便顾客的服务措施大受顾客欢迎。就这样，王永庆在米的质量和服务上找到了突破口，使嘉义人都知道在米市马路尽头的巷子里，有一个卖好米并且还送到顾客家的王永庆。自然，他很快就打开了一片属于自己的天空。

"射人先射马，擒贼先擒王""牵牛要牵牛鼻子"，说的都是这个道理。做事情做到点子上，就会推动整体事件的发展，使我们离目标的实现越来越近。学会如何从千丝万缕的工作中抓重点，学会统筹，学会科学地安排和盘算，是成功的关键。磨刀不误砍柴工，而眉毛胡子一把抓只会把人累死也完不成任务。

任何工作都要讲究方法、技巧，发现问题，并针对问题给出相应措施，才能迅速高效地完成任务。在这个追求效率的时代，做事抓重点，方能事半功倍。

做表面工作等于欺骗自己

一个村庄，已经好几个月没下过一滴雨了，土地干裂，农作物枯萎，牲畜也都奄奄一息，严重的旱灾威胁着这里的每一个生灵。

这个地区有一间小小的教堂。里边住着一位村民信任的牧师。有个礼拜天，这位牧师对村民说："让我们现在一起祷告，祈求上天降雨。上帝收到祷告，会垂怜众生，让我们在下个礼拜天创造一个奇迹——下一场倾盆大雨。"

然而一个星期都过去了，干旱的天气一点儿都没有改变，整个村庄弥漫着阴郁的气氛，因为不断有牲畜渴死。又过了一个礼拜，这名牧师询问前来做礼拜的全村村民："你们中有谁没有虔诚地祈祷？"所有的人都高声回答说："我们的确都很虔诚地祈祷的。"

接下来一次又一次的祈祷还是没有奏效，雨始终没有降下来。庄稼枯死了，村民们没有了收成，只得外出乞讨。在和别人谈起此事时，他们个个都说："我们虔诚地祈祷，但是上帝没有降雨。"

他们觉得自己已经为解决干旱做出过努力了，因为他们每天都在祈祷。可是没有人想过去做一些更具有实际意义的事情，如此定性，存在宗教问题，结果当然是害了自己。

工作不是为了应付老板，你应该以负责任的态度来对待。不要做表面工作，骗别人也骗自己。我们所要做的每一件事都不应该是为了应付而只做表面工作，应该是发自内心的。

休斯·查姆斯在担任国家收银机公司销售经理期间，该公司的财政出现了一些困难。这件事被负责推销的经理知道并说出去后，影响了推销人员的士气，推销人员因此失去了工作热情。销售量开始下跌，到后来，情况越来越严重。查姆斯不得不召集全体销售人员开一次大会，在全美各地的推销人员均被要求参加这次会议。

会议开始后，他首先请手下业绩最佳的几位销售员站起来，要他们说明销售量为何会下跌。这些销售员在被唤到名字一一站起来后，每个人都有一段令人失望的悲惨故事向大家倾诉：经济不景气，奖金下降，人们都希望等到总统大选揭晓之后再买东西，等等。当第五个销售员开始列举使他无法达到平常销售配额的种种困难情况时，查姆斯突然跳到了一张桌子上，高举双手，要求大家肃静。然后他说道："停止，我宣布大会暂停十分钟，让我把我的皮鞋擦亮。"

随即，他让坐在附近的一名黑人小工友把他的擦鞋工具箱拿来，并要这名工友替他把鞋擦亮，而他就站在桌子上不动。在场的销售人员都惊呆了，以为查姆斯先生突然发疯了。大家开始窃窃私语。与此同时，那位黑人小工友先擦亮他的一只鞋子，随后又继续擦另一只鞋子。他不慌不忙，动作简洁利落，表现出一流的工作技巧。

皮鞋擦完之后，查姆斯给了那位小工友一毛钱，然后开始发表他的演说。

"我希望你们每个人，"他说，"好好看看这个小工友。他拥有在我们的厂区及办公室内擦皮鞋的特权。他的前任是位小男孩，年纪比他大，尽管公司每周补贴那个小男孩 5 元的薪水，而且工厂里有数千名员工，但他仍然无法从这里赚取足以维持他生活的费用。

"然而，这位小工友不仅可以赚到不错的收入，既不需要公司补贴薪水，每周还可以存下一点儿钱来，而他和他前任的工作环境完全相同，也在同一家工厂内，工作的对象也完全相同。

"我现在问你们一个问题：那个小男孩拉不到更多的生意，是谁的错？是他的错，还是他的顾客的错？"

那些推销员不约而同地大声回答："当然了，是那个小男孩的错。"

"正是如此。"查姆斯接着说，"现在我要告诉你们，你们现在推销收银机和此前的情况完全相同：同样的地区、同样的对象以及同样的商业条件。但是，你们的销售成绩却比不上一年前。这是谁的错？是你们的错，还是顾客的错？"

同样传来了响亮的回答："当然，是我们的错。"

"我很高兴，你们能坦率承认你们的错。"查姆斯继续说，"我现在要告诉你们，你们的错误在于，你们听到了有关本公司财务出现困难的谣言，这影响了你们的工作热忱，因此，你们就不像以前那般努力了。只要你们回到自己的销售地区，并保证在以后 30 天内，每人卖出 5 台收银机，那么，本公司就不会再有什么财务危机了，以后再卖出去的，都是净赚的。你们愿意这样做吗？"

大家都说愿意。而且，大家果然都这样做了，并实现了预期的目标。

如果工作业绩不佳，不要找太多借口为自己开脱，最大的原因是你不够努力。也许，你告诉自己并没有消极怠工，仍在勤勤恳恳地工作，可是你工作的质量已经大打折扣了。这样工作的结果，在损害公司利益的同时，也会害了你自己。

行为的最终价值是实现结果

老板让你给客户打个电话，你打了，可是对方没有人接听。你说自己完成任务了。可是这样做会有任何结果吗？

你可以看看希尔顿饭店的服务生是如何做的：

有一次，一位出差的经理前来投宿，服务生检查了一下电脑，发现所有的房间都已经订出，于是礼貌地说："很抱歉，先生，我们的房间已经全部订出，但是我们附近还有几家档次不错的饭店，要不要我帮您联系看看？"

然后，就有服务生过来引领该经理到一边的雅座去喝杯咖啡，一会儿外出的服务生过来说："我们后面的大酒店里还有几个空房，档次跟我们是一样的，价格上还便宜 30 美元，服务也不错，您要不要现在去看看？"

　　那位经理高兴地说："当然可以，谢谢！"之后，服务生又帮忙把经理的行李搬到了后面的酒店里。

这就是希尔顿饭店的服务，这些服务生的行为早就超出了自己的职责范围，但是，结果是让顾客感到了满意和惊喜。他们使客户感受到了前所未有的尊重和理解，所以客户下次依然愿意选择它。

　　重要的不是你是否完成了任务，重要的是你的行为产生的结果。如果说酒店已经客满，服务生很有礼貌地说："对不起先生，我们这里已经没有空房间了。"那么这位服务生当然也完成了酒店交给他的任务，但是他的行为不会产生任何有益的结果。

　　如果你不想一直做一名普通的员工，那么你就要努力思考怎样才可以给企业带来更大的收益，而不仅仅是完成自己的任务。

　　杰克接到了一个新任务，上级说这个项目由于存在很多问题无法进行下去了，希望杰克接手以后能有一个新的突破。杰克接手以后，认真分析了项目小组失败的原因，找到曾参与过这个项目的人员进行交流，并找到了一些问题的主要症结。此外，他还派人和客户好好沟通了一下，希望在时间上能得到客户的让步。准备工作做得差不多了，他心里已经对于这次项目的成功有了几分把握。

　　工作很快地分配到他手下的各个大将手中，他们每个人各自负责一个模块的设计和编程，杰克要求他们必须拿出结果，不能因为任何借口而耽误项目的进度。

为了保证项目的顺利进行，杰克还经常去上一个项目组诚心请教里面的几位经验丰富的高手，对于他们的意见和建议都虚心接受。正是由于他的努力和正确的领导，这个大家都不看好的项目，竟然起死回生，得到了客户的满意验收。由于这个项目的圆满完成，又为公司赢得了很多项目合作的机会。上级对杰克的项目报告十分满意，当报告上交的时候，项目也顺利地通过了验收。

行为的最终价值是实现结果，没有结果的行为是毫无意义的。即便是完成任务了又怎样？在处处讲求实际、讲求成果的今天，无论你的过程如何精彩，如果没有结果，都是徒劳。

一家人力资源部主管正在对应聘者进行面试。除了专业知识方面的问题之外，还有一道在很多应聘者看来似乎是小孩子都能回答的问题。不过正是这个问题将很多人拒之公司的大门之外。题目是这样的：

很多天没有下雨了，山上的树需要浇水。你的能力可以让你轻松自如地担一担水上山，而且你还会有时间回家睡一觉。你会怎么做，为什么？

几乎所有的人都说会挑一担水上山，然后把剩下的时间花在别的工作上。

只有一个小伙子回答他会再担一担水。他的理由是，既然我可以轻松自如地担一担水，那么应该有能力担第二担水。虽然担两担水会很辛苦，但让树苗多喝一些水，它们就会长得更好。这是我能做到的，既然能做到的事为什么不去做呢？

最后，这个小伙子被留了下来。而其他的人，则没有通过这次面试。

其余的人都没有想到，只有一担水根本不够，树苗还是会缺水。那么，当树苗旱死的时候，你挑的这一担水没有任何价值。并不是只有努力就会有结果的。完成了任务也并不是就有了结果。

对企业来说，生存靠的正是结果。那些一直立于不败之地的知名企业，正是因为结果满足了需求，又进一步促进了需求，产生的良性循环使得企业越来越强大。做事情的时候，如果你能真的站在自己企业的角度去考虑，就不会仅仅满足于完成手中的任务。你会对自己的任务负责，更会自觉承担起更大的责任，把为企业创造更多效益当作自己应尽的责任。

记住，你不是想要圆满地完成任务，而是一定要成功地创造结果。

让工作的结果超出自己的报酬

有一本流行一时的书中讲了这样一个道理：不功利的人往往会更为顺利地获利。

原因很简单：功利的人常常在追逐功利的过程中丧失原有的目标。而不盯着"利"字的人因为排除了功利的干扰，反而能做出更加正确的判断。尤其是，这种品格常常会化为脱俗的人格魅力，极容易受到上司赏识。

在工作与生活中，我们常常可以听到这样的话："凭什么要我做这做那，一个月才给我这么一点儿钱。""这不是我的事，让张三去做吧。""差不多就行了，是公司的事，又不是我自己的事情。"

很多人都认为工作是为老板做的，就像年少时认为学习是为老师学的一样。现在你知道了学习是为自己，不是为老师。可是，你知道工作也不是在为老板做吗？你能否做到领一份薪水做双份工作？

总是斤斤计较自己付出的人，他们最大的误区就是始终抱着"我不过是为老板打工"的工作态度。他们认为，工作就是一种简单的雇佣关系，做多做少，做好做坏，和自己没有多大的利害关系，反正自己的工资就是那么多。超出自己工作范围的工作与自己无关。这样的工作观念让无数人错失了人生中宝贵的机会，却在人生已经没什么希望的时候不断地埋怨自己所在的企业。

齐瓦勃出生在美国乡村，只受过很短的学校教育。15岁那年，一贫如洗的他就到另一个山村做了马夫。然而，雄心勃勃的齐瓦勃无时无刻不在寻找着发展的机遇。三年后，齐瓦勃终于来到钢铁大王卡内基所属的一个建筑工地打工。一踏进建筑工地，齐瓦勃就抱定了要做同事中最优秀的人的决心。当其他人在抱怨工作辛苦、薪水低而怠工的时候，齐瓦勃却默默地积累着工作经验，并自学建筑知识。

一天晚上，同伴们都在闲聊，唯独齐瓦勃躲在角落里看书。那天恰巧公司经理到工地检查工作，经理看了看齐瓦勃手中的书，又翻开了他的笔记本，什么也没说就走了。第二天，公司经理把齐瓦勃叫到办公室，问："你学那些东西干什么？"齐瓦勃说："我想我们公司并不缺少打工者，缺少的是既有工作经验又有专业知识的技术人员或管理者，对吗？"经理点了点头。不久，齐瓦勃就被升任为技师。打工者中，有些人讽刺挖苦齐瓦勃，他回答说："我不光是在为老板打工，更不单纯为了赚钱，我是在为自己的梦想打工，为自己的远大前途打工。我们只能在业绩中提升自己。我要让自己的工作所产生的价值远远超过所得的薪水，只有这样我才能得到重用，才能获得机遇！"抱着这样的信念，齐瓦勃一步步升到了总工程师的职位。在齐瓦勃25岁那年，他又做了这家建筑公司的总经理。

"让自己的工作所产生的价值远远超过所得的薪水。"这是齐瓦勃的信念，也是所有拥有梦想者应有的信念。

现实当中，人们总希望自己的收入变得更高一点。有一个观念很重要，就是：金钱是价值的交换。只要你能够为你所服务的团队创造出很好的价值，你就会获得应得的金钱。不管在什么样的公司工作，不管这家公司是什么样的性质，你都应该每天坚持思考帮助公司创造价值的方法。

工作不仅仅让你获得薪水，更重要的是，它还带给你经验、知识，通过工作，你能够提升自己，从而变得更有价值。所以，你一定要记得，你不能仅仅为金钱而工作，你还要为梦想而工作，为自己的前途而工作。让你工作的结果、让你创造的收益远远大于你获得的报酬吧。为企业创造更多价值的同时，你自己会获得更多。

既然去做，就要做好

有一次，一个法国农场主驾驶着一辆奔驰货车从农场出发去德国。一路上凉风习习，路况良好，农场主不由得哼起了小曲。可是，当车行驶到一个荒村时，发动机出了故障。农场主又气又恼，大骂一贯以高质量宣传自己的奔驰公司骗人。这时，他抱着试一试的念头用车上的小型发报机向奔驰汽车的总部发出了求救信号。没想到，几个小时后，天空就传来了直升机声。原来，奔驰汽车修理厂的检修工人在工程师的带领下，乘直升机来为他提供维修服务。

一下直升机，维修人员的第一句话就说："对不起，让您久等了。但现在不需要很久了。"他们一边安慰农场主，一边开始了紧张的维修工作。不一会儿，车就修好了。

"多少钱？"看见修好了，农场主问道。

"我们乐意为您提供免费服务！"工程师回答。

农场主本来以为他们会收取一笔不菲的维修金，听到这话简直大吃一惊，"可你们是乘直升机来维修的呀？"

"但是因为我们的产品出了问题才这样的。"工程师一脸歉意，"是我们的质量检验没做好，才使您遇到了这些麻烦，我们理应给您提供免费服务。"

农场主很受感动，连连夸赞他们，夸赞奔驰公司。后来，奔驰公司为这位农场主免费换了一辆崭新的同类型货车。

要么不做，要做就要做好。一百多年来，奔驰一直在购车人群中有着良好的口碑，使得他们保持良好销售业绩成为一件水到渠成的事情。

做好了，才会让人印象深刻。不断对自己提出要求，高质量地完成工作，才能让自己不断得到提升，也使得别人对你刮目相看。

当年，爱迪生全力以赴地投入到关于电灯的研究当中，他尝试过用各种材料做灯丝，比如稻草、麻绳、炭化的纸、玉米、棉线、木材、马鬃、头发、胡子以及铝和铂等金属，达 1600 多种。最后，经过一年多的艰苦研究，他终于找到了一种灯丝，这种灯丝能够使得灯泡持续发光 45 个小时，但 45 个小时之后，只能看着灯丝慢慢熔化，他说道："如果它能坚持 45 个小时，再过些日子我就要让它烧 100 个小时。"

果然，两个月后，灯丝的寿命达到了 170 个小时。当时的《先驱报》整版都用来报道他的研究成果，诸如"伟大发明家在电力照明方面的胜利""不用煤气，不出火焰，比油便宜，却光芒四射""十五个月的血汗"……

就在这年的新年前夕，爱迪生把四十盏灯挂在从研究所到火车站的大街上，接通电源，让它们同时发光，以迎接出站的旅客。无数的人听到这样的消息之后，专门赶来观看奇迹，由于当时人们只见过煤气灯，所以对于这么伟大的发明，大家都用最热烈的欢呼来称赞爱迪生："爱迪生万岁！"不但如此，最令人惊讶的是电灯不仅能发亮，而且能说亮就亮、说灭就灭，爱迪生看起来简直就是一个神奇的魔法师。其中有个人盯着电灯看了许久，别人问他在看什么时，他喃喃地说道："看起来蛮漂亮的，可我就是死了也不明白这些烧红的发卡是怎么装到玻璃瓶子里去的。"

面对这一切，爱迪生并没有太得意，他对欢呼的人群说道："大家称赞我的发明是一种伟大的成功，其实它还在研究中，只要它的寿命没有达到 600 小时，就不算成功！"

这次事之后，源源不断的祝贺信、电报和礼物从世界各地飞来，关于他的传闻也各种各样。所有的这一切，爱迪生都置之不理，他还是默默地待在自己的实验室，进行一次又一次地改进灯泡的试验。600 小时的目标达到了，他又提出更高的目标，在他坚持不懈的努力下，他的样灯的寿命最后达到了 1589 小时！

虽然当时的人都对爱迪生发明电灯这件事赞不绝口，但是如果灯丝一直都只能坚持燃烧 45 个小时，那么用不了多久人们就会抱怨。不要满足于身边的褒奖，你应该清楚自己的能力如何，能把事情做到什么样的程度，应该努力把事情做好。

丽莎是房地产推销员，她的工作十分出色。顾客们都愿意找她帮忙解决问题。丽莎就是以优质的服务征服顾客的，即使买房以后，顾客仍能感受到她服务的魅力。

比如：她一直注意了解供水是否正常。如果前房主拆走了水管，她便马上退一部分订金。她还帮顾客安装电话。丽莎工作得很仔细，她知道当地某学校某年级学生教师的比例，甚至叫得出老师的名字。她能说出郊区火车月票的价格——精确到美分。她还能告诉顾客快车上只有二十分钟开空调的时间，等等。

每当新住户搬进新居前，她都会准备一份礼物，并在到来的第一天与他们共享一顿美餐——她知道刚搬家时做饭还不方便，第一天晚上她会邀请他们到自己家共进晚餐。她还安排新来者加入当地的俱乐部。她了解住户的宗教信仰，便与当地教堂联系："这里有新教友，见见面怎么样？"这些听起来不可思议，但丽莎做到了，她从各方面尽力帮助新住户迅速融入社区生活。

积极而有成效的行动不仅会让你收获一个完美的工作结果，更会让你感觉良好，更有自信，从而提升你的状态，让你产生继续工作的持久动力。

既然去做，就做好吧。这是对你的工作负责，更是对你的生命负责。

聪明工作比努力工作更重要

从前有个奇异的小村庄，村里除了雨水没有任何水源，为了解决这个问题，村里的人决定对外签订一份送水合同，以便每天都能有人把水送到村子里。

有两个人愿意接受这份工作，于是村里的长者把这份合同同时给了他们。得到合同的两个人中一个叫吉姆，他立刻行动了起来，每日奔波于1里外的湖泊和村庄之间，用他的两只桶从湖中打水运回村庄，再把打来的水倒在一个由村民们修建的结实的大蓄水池中。

每天早晨他都必须起得比其他村民早，以便当村民需要用水时，蓄水池中已有足够的水供他们使用。由于起早贪黑地工作，吉姆很快就开始挣钱了。尽管这是一项相当艰苦的工作，但是吉姆很高兴，因为他能不断地挣钱，并且他对能够拥有两份专营合同中的一份而感到满意。

另外一个获得合同的人叫汤姆。令人奇怪的是，自从签订合同后汤姆就消失了，几个月来，人们一直没有看见过汤姆。这点令吉姆兴奋不已，由于没人与他竞争，他挣到了所有的水钱。汤姆干什么去了？他做了一份详细的商业计划书，并凭借这份计划书找到了四位投资者，他们和汤姆一起开了一家公司。

6个月后，汤姆带着施工队和投资回到了村庄。花了整整一年的时间，汤姆的施工队修建了一条从村庄通往湖泊的大容量的不锈钢管道。这个村庄需要水，其他有类似环境的村庄一定也需要水。于是他重新制订了商业计划，开始向全国甚至全世界的村庄推销他的快速、大容量、低成本并且卫生的送水系统，每送出一桶水他只赚1便士，但是每天他能送几十万桶水。无论他是否工作，几万人都要消费这几十万桶水，而所有的钱便都流入了汤姆的银行账户中。

显然，汤姆不但开发了使水流向村庄的管道，而且还开发了一个使钱流向自己的钱包的管道。从此以后，汤姆幸福地生活着，而吉姆在他的余生里仍拼命地工作，最终还是陷入了"永久"的财务问题中。

多年来，汤姆和吉姆的故事一直指引着人们，每当人们要做出生活决策时，这个故事都能给人以帮助，所以我们应时常问自己："我究竟是在修管道还是在运水？""我只是在拼命地工作还是在聪明地工作？"

小林是一家糕点店的店员，店里的生意一直冷冷清清。因为糕点行业竞争本来就十分激烈，再加上小林所在的那个店当初选店址时出现了一些失误，把店开在了一个偏僻的胡同里，所以，不到半年时间，店面就快支撑不下去了，小林也无奈地面临失业。

有一天，小林在店里碰到一个给男朋友买生日蛋糕的女客人。小林问她想在蛋糕上写什么字时，女客人嗫嚅了半天才吞吞吐吐地说："我想写上'亲爱的，我爱你'。"

小林一下子就明白了女客人的心思，原来她想写一些很亲热的话，但是又不好意思让旁人知道。小林很快意识到这里面蕴含的商机：有这种想法的客人肯定不止一人，而现在每个蛋糕店的祝福词都是千篇一律的"生日快乐"之类，为何不尝试用些个性化的祝福语呢？

于是，小林经过深思熟虑，向老板提了这个建议："再多买一些专门用来在蛋糕上写字的工具，给每个来买蛋糕的顾客赠送一支，这样客人就可以自己在蛋糕上写一些祝福语了，即使是隐私也不怕被人看到。"老板同意了。

没想到广告一出，立刻顾客盈门，接下来的一个星期中，顾客比平时增加了两倍，大家都是被"写字的笔"吸引来的。从此，店里的生意蒸蒸日上，客户量奇迹般地增长着。

老板非常高兴，趁热打铁，又开了几家分店，生意越做越大。小林也成为了一家分店的店长。

在这个结果说明一切的时代，同样的结果，没有人会管你是不是比别人付出了更多努力。聪明工作比努力工作重要，因为智慧是无价的，每一个老板都愿意要一个脑瓜灵活的员工。

如果你觉得踏踏实实地工作才是好员工，那么你可以看看高斯是怎么做的：

德国伟大的数学家高斯小时候就是一个爱动脑筋的聪明孩子。上小学时，一次老师想整治一下班上的淘气学生，便出了一道算术题，让学生从 1+2+3+……一直加到 100 为止。他想这道题足够这帮学生算半天的，他也可得半天悠闲。

谁知出乎他的意料，刚刚过了一会儿，小高斯就举起手来，说他算完了。老师一看答案，5050，完全正确。老师惊诧不已，问小高斯是怎么算出来的。

高斯说，他不是从开始加到末尾，而是先把 1 和 100 相加，得到 101；再把 2 和 99 相加，也得 101；最后 50 和 51 相加，也得 101，这样一共有 50 个 101，结果当然就是 5050 了。聪明的高斯受到了老师的表扬。

除了高斯，别的学生都在辛辛苦苦地一个一个地相加。这个故事让你有感触吗？任何事情都有规律和技巧，聪明人懂得用最好的办法，花最少的力气，最好地完成任务。

记住，辛苦并不代表成绩。下一次，聪明地完成工作吧！

第一次就应该把事情做对

有一位企业家，曾因为他的工厂总是不能按期完成生产计划和发货而苦恼不堪。为了赶工期，他不得不新招了 400 名工人，但是生产进度永远赶不上订单的增加。

他的工厂是一间非常现代化的大工厂，厂房明净，规划整齐。他们有七条装配线，可以把不同的部件组装在一起。在每条装配线的尽头都设置了检查站，一旦出现问题会被专职人员记录在一张单子上。每台机器都会出现问题产品。出现问题的产品被送到返工区。在那里搭建了几个工作间，由最有经验的工人负责返工的工作。在返工之后，产品就可以出厂，发给用户了。

从表面上看，好像不存在任何问题：机器不可能不出错；所有的工人都是很敬业的，他们为了返工可以工作到夜里12点，他们已经工作到极限了；技术上的改进在未来2年内是实现不了的。

后来，有人给他提了个建议，那就是取消返工区。并且告诉他，只需要做这一件事情，就可以把所有问题解决，而且以后永远不会出现返工。

"这是不可能的！"企业家叫道。那人劝他不妨试一下。

"取消返工区？那返工的产品在哪里重新加工？要知道返工的产品占了全部产品的30%！"

那个人又在纸上写下了这样的建议：

关闭返工区，让在那里工作的人都回到各自的生产线中去，作为指导员和培训员；

在生产线尽头摆上3张桌子，让质量工程师、设计工程师和专业工程师各管一张；将出现的缺陷按"供应商的问题""生产过程中产生的问题"以及"设计的问题"进行分类，并且坚持永远、彻底地解决和消除这些问题；

将产品送回生产线去修理；

建立"零缺陷"的工作执行标准。

企业家一脸疑惑，但还是照着办了。结果，他发现了许多管理问题，比如，订购零件时，只看价格高低，没有对生产线的工人进行很好的培训；有的人接受了一种观念，就是一切都需要返工，所以不够负责任。

几星期之后，他们又能按期生产了。他们还在制造车间立了一个标志板，上面写着无故障、无缺陷产品的天数。随着时间的推移，这个数字越来越大，甚至连他们自己都不敢相信。他们也学会了检查新产品的好方法：工人一边装配，一边将出现的问题提出来并解决掉。

而最让人高兴的是，由于他们提供的产品质量稳定而可靠，因此占领了最大的市场份额。他们随后兼并的七家工厂，无一例外都做到了这一点。即使是那些工厂的工人只有小学文化水平，也都照样做到了"没有返工区"。随后，每家工厂的利润都翻了10倍以上。

美国的西点军校出了无数名人，他们在各行各业取得了卓越的成就。有人询问他们为什么能成功，他们的答案几乎一致："在西点，人们只能有一个态度，就是在接受任务的时候，对自己说：'I can do it'！也就是'我能完成'！除此之外，你没有别的选择。剩下的事情就是去很好地完成你的任务。"

很多时候，你并没有下一次做选择的机会。不要总说"下一次我一定做对"，在第一次的时候就把它做好吧。工作不能一步做到位，只会浪费更多的人力物力，对你对公司都不会有什么好处。相信你的能力，相信你可以一次就做好。

一次就做对吧，重新返工的代价太大。而且，你不一定会有下次机会。

第6章 不找借口找方法，
方法总比问题多

问题到此为止

美国总统杜鲁门上任后，在自己的办公桌上摆了个牌子，上面写着"The buck stops here"，意即"问题到此为止"，就是让自己负起责任来，不要把问题丢给别人。由此可见，责任在这位总统的心中占据着多么重要的位置。

一个负责任的员工富有开拓和创新精神，他绝不会在没有努力的情况下就为自己找借口而推卸责任。他会想尽一切办法完成公司交给的任务，让"问题到此为止"。条件再困难，他也会创造条件；希望再渺茫，他也能找出许多方法去解决。

美国一家公司在韩国订购了一批价格昂贵的玻璃杯，为此美国公司专门派了一位代表来监督生产。来到韩国以后，他发现，这家玻璃厂的技术水平和生产质量都是世界一流的，生产的产品几乎完美无瑕，他很满意，就没有刻意去挑剔什么，因为韩方自己的要求比美方还要严格。

一天，他来到生产车间，发现工人正从生产线上挑出一部分杯子放在旁边。他上去仔细看了一下，没有发现两种杯子有什么差别，就奇怪地问："挑出来的杯子是干什么用的？"

"那是不合格的次品。"工人一边工作一边回答。

"这难道不是质检部门的事吗？"

"是，但我们必须让问题到此为止。"

"可是我并没有发现这些杯子有什么问题啊？"

"你仔细看，这里多了一个小的气泡，这说明杯子在制造的过程中漏进了空气。"

"可是那并不影响使用啊？"

工人很自然地回答："我们既然工作，就不能将有问题的产品送出去。任何缺点，哪怕是质检未检查出来，对于我们来说，也是不允许的。"

"那么这些次品一般能卖多少钱？"

"10 美分左右吧。"

当天晚上，这位美国公司的代表给总部写信汇报道："一个完全合乎我们的检验和使用标准、价值 5 美元的杯子，在这里却被在无人监督的情况下用几乎苛刻的标准挑选出来，只卖 10 美分。这样的员工堪称典范，这样的企业又有什么理由可以不信任的？我建议公司马上与该企业签订长期的供销合同，我也没有必要在这里了。"

任何一家想在竞争中取胜的公司都必须设法先使每个员工将自己的工作做到最好，只有这样才能生产出高质量的产品，为顾客提供优质服务。

大多数情况下，人们会对那些容易解决的事情负责，而把那些有难度的事情推给别人，这种思维常常会导致我们工作上的失败。负责任的最佳典范是给加西亚将军送信的安德鲁·罗文中尉。这个被授予勇士勋章的中尉最宝贵的财富不仅是他卓越的军事才能，还有他优秀的个人品质。

那是在多年前，美西战争即将爆发，为了争取战场上的主动，美国总统麦金莱急需一名合适的送信人，把信送给古巴的加西亚将军。军事情报局推荐了安德鲁·罗文。罗文接到这封信之后，没有提出任何问题，孤身一人出发了。整个过程是艰难而又危险的，罗文中尉凭借自己的勇敢和忠诚，历经千辛万苦，冲出敌人的包围圈，把信送给了加西亚将军——一个掌握着军事行动决定性力量的人。

罗文中尉最终完成任务，凭借的不仅仅是他的军事才能，还有他在完成任务过程中所表现出的"一定要将问题解决"的责任感。

失败的人之所以失败，是因为他们太善于找出种种借口来原谅自己，糊弄自己的工作。而成功的人，头脑中只有"想尽一切办法，让问题到此为止"的想法。因为在他们心中，解决问题就是他们的责任，这种态度也为他们打开了通往成功的大门。

失败是人生中一笔可贵的财富

可以肯定地说，没有人喜欢失败，因为失败大多是一些令人痛苦的经验，甚至是让人受到重创的体验。而人生中大大小小的失败，无疑会给人的心理造成一种无形的压力，甚至是恐惧。其实，这大可不必。失败也是一种成果，需要你仔细诊断。对此，"发明大王"爱迪生比所有人都认识得更深，实践得更好。爱迪生为了得到一个正确的结果，实验时出过上百次错误，但他正是在错误中找到了正确的理论方向。当他某次寻找最合适做灯丝的材料试验再次失败后，他的助手叹口气说："唉，又失败了。""不，"爱迪生轻松地说，"错了！这是我们又成功地找出了一个不适合做灯丝的材料。"把失败看成是一次富有正面意义的成果，从失败中有所收获，这是成功者所具备的一种绝佳心态，他们最懂得"失败乃成功之母"的内涵，往往会在失败的教训中获益，然后从失败中走向成功。

　　某大公司招聘人才，应聘者云集。其中多为高学历、多证书、有相关工作经验的人。

　　经过三轮淘汰，还剩下 11 个应聘者，最终将留用 6 个。因此，第四轮由总裁亲自面试。

　　奇怪的是，面试那天，考场上出现了 12 个考生。

　　总裁问："谁不是应聘的？"坐在最后一排的一个男子站起身："先生，我第一轮就被淘汰了，但我想参加一下这次面试。"

　　在场的人都笑了，包括站在门口闲看的那个老头子。

　　总裁饶有兴趣地问："你第一关都过不了，来这儿有什么意义呢？"男子说："我掌握了很多财富，因此，我本人即是财富。"

　　大家又一次笑得很开心，觉得此人要么太狂妄，要么就是脑子里进了水。

　　男子说："我只有一个本科学历，一个中级职称，但我有 11 年的工作经验，曾在 18 家公司任过职……"总裁打断他："你的学历、职称都不算高，工作 11 年倒是很不错，但先后跳槽 18 家公司，太令人吃惊了，我不欣赏。"

　　男子站起身："先生，我没有跳槽，而是那 18 家公司先后倒闭了。"

　　在场的人第三次笑了，一个应聘者说："那你可真够倒霉的！"

　　男子也笑了："相反，我认为这就是我的财富！我不倒霉，我只有 31 岁。"

这时，站在门口的老头子走进来，给总裁倒茶。男子继续说："我很了解那18家公司，我曾与大伙努力挽救它们，虽然不成功，但我从它们的错误与失败中吸取了很多教训；很多人只是追求成功的经验，而我，更有经验避免错误与失败！"

男子离开座位，一边转身一边说："我深知，成功的经验大抵相似，很好模仿，而失败的原因却各有不同。与其用11年学习成功经验，不如用同样的时间研究错误与失败；别人的成功经历很难成为我们的财富，但别人的失败过程却可以！"

男子就要出门了，忽然又回过头说："这11年经历的18家公司，培养、锻炼了我对人、对事、对未来的敏锐洞察力，举个小例子吧，真正的考官，不是您，而是这位倒茶的老人。"

全场11个应聘者哗然，惊愕地盯着倒茶的老头儿。

那老头儿笑了："很好！你第一个被录用了。"

现实中，有不少人喜欢谈成功的经验，而不乐意谈失败的教训，因为谈起成功面上有光，而说到失败总感到颜面扫地。其实，教训大可不必讳言，它与成功经验同等重要，都是把工作做好的推动力，都应引起我们的重视。

从失败中吸取教训、总结经验，无疑是智者的选择。大而言之，社会发展和科学技术的进步，无不是人们在经历过一次次失败与挫折之后吸取教训的结果；小而言之，对一个能够正确面对成败的人来说，教训一样可以催人奋进，激励自己去不断拼搏进取，使事业愈发有成。相反，不会从失败中吸取教训的人，迎接他的将是再一次的失败。

我们常讲"失败乃成功之母"，其实，教训也可以说是经验之"母"。成功固有经验可以总结，失败也有教训可以吸取。

教训是对挫折与失败的理性思考，它告诉我们的是"不该"。吸取教训，更加理性地分析产生问题的原因，从中寻找出带有普遍性的规律和特点，可以使我们对客观事物的认识更加准确、深刻。教训既可以给自己留下避免再次失败的路标，同时又可为他人留下前车之鉴。古今中外，有识之士无不从自己或他人的教训之中寻找良方，避免重复失误，从而获得成功。从这个意义上讲，失败无疑是一笔可贵的财富。

当你遇到挫折时，切勿浪费时间去算你遭受了多少损失。相反，你应该算算你从挫折当中可以得到多少经验和教训。你将会发现你所得到的比你所失去的要多。

不为失败找借口，要为成功找方法

在工作中，我们都曾遇到过这样或那样的困难和问题，此时常常有这样两种人：一种是碰见困难避而远之的人；另一种则是迎难而上，主动去寻求解决方法的人。可以说，主动去寻找方法解决问题的人，是职场中的稀有资源，更是经济社会中的珍宝。于是，后者成为了成功者，前者沦为失败者。其实，成功必有方法，失败必有原因。近年来，关于"成功"的书籍数不胜数，形形色色。然而，一个人要真正地取得成功，仅靠"立志"是不够的，还必须有实际有效的方法才行。

企业里的所有员工都明白：只有遇到任何困难和糟糕处境都能想尽办法去解决的员工，才是企业和组织真正需要的人才。不管是在古代还是现代、国内还是国外，主动寻求方法解决问题的人都会像金子一样光芒四射。哪怕他没有刻意去追求机会，机会也会主动找上门来。

福特汽车公司是美国创立最早、最大的汽车公司之一。1956年，该公司推出了一款新车。尽管这款汽车式样、功能都很好，价钱也不贵，但奇怪的是竟然销量平平，和当初设想的情况完全相反。

公司的管理人员急得就像热锅上的蚂蚁，但绞尽脑汁也找不到让产品畅销的方法。

这时，在福特汽车公司里，有一位刚刚毕业的大学生却对这个问题产生了浓厚的兴趣，他就是艾柯卡。

当时艾柯卡是福特汽车公司的一位见习工程师，本来与汽车销售毫无关系。但是，公司老总因为这款新车滞销而着急的神情，却深深地印在了他的脑海里。他开始不停地琢磨：我能不能想办法让这款汽车畅销起来呢？终于有一天，他灵光一闪，于是径直来到总经理办公室，向总经理提出了一个自己想出的方法，他说："我们应该在报上登广告，内容为：'花56元买一辆56型福特'。"

而这个创意的具体做法是：谁想买一辆1956年生产的福特汽车，只需先付20%的货款，余下部分可按每月付56美元的办法逐步付清。

他的建议得到了采纳。结果，这一办法十分灵验，"花56元买一辆56型福特"的广告引起了人们极大的兴趣。

因为这种宣传，不但打消了很多人对车价高的顾虑，还给人留下了"每个月才花56元就可以买辆车，实在是太合算了"的印象。

奇迹就在这样一句简单的广告词中产生了：短短3个月，该款汽车在费城地区的销售量，从原来的末位一跃成为冠军。

而这位年轻的工程师也很快受到了公司领导者的赏识，总部将他调到华盛顿，并委任他为地区经理。

后来，艾柯卡不断地根据公司的发展趋势，推出了一系列富有创意的营销策略，最终脱颖而出，坐上了福特公司总裁的宝座。

从艾柯卡身上我们能够看出：在工作中主动去想办法解决问题的人最容易脱颖而出！也最容易得到公司的认可！

在美国，年轻的铁路邮务生佛尔曾经和许多其他的邮务生一样，用陈旧的方法分发信件，而这样做的结果，往往是使许多信件被耽误几天或更长的时间。

佛尔不满意这种现状，想尽办法改善。很快，他发明了一种把信件集合寄递的方法，极大地提高了信件的投递速度。

佛尔升迁了。5年后，他成了邮务局帮办，接着当上了总办，最后升任为美国电话电报公司的总经理。

是的，当谁都认为工作只需要按部就班地做下去的时候，偏偏有一些人，会去主动寻找更好更有效的方法，将问题解决得更好！同时，也正因为他们善于主动地去寻找方法，所以他们也常常最容易得到认可，最容易获得成功！

一个有办事能力的员工，必然是一个智慧型的员工。处处运用你的智慧，时时运用你的智慧，这样，你才能超越平庸，成为不可或缺的人才。

作为一个企业，里面肯定会有各种各样的员工，他们来自五湖四海，能力、性格等方面也千差万别，通常我们将员工分成三类：

一是机械型员工。有一做一，完全按领导的具体指示一步步做事。可以说，面对这样的员工，就像面对一个机器人，你要将工作步骤像写程序一样布置给他，否则他什么也不能完成。

二是智能型员工。这类员工可以将自己的专业知识、专业技能主动地应用于工作，以此弥补领导在专业方面的不足，同时还可以为领导提供某些专业方面的合理化建议，就像领导的智囊团。

三智慧型员工。这样的员工能够系统化地思考问题，将各方面的知识和道理融会贯通起来，用于工作。可以说，这样的员工是用头脑工作的员工，而且也是每个企业在发展过程中最需要的员工。

我们提倡做一个智慧型员工，因为只有这样的员工才能在瞬息万变的职场中经受住市场的洗礼，成为公司发展的顶梁柱、老板的左右手，同时自己也能拥有一个更好的发展前景。

工作的难度决定你的高度

无论你从事何种工作，担任什么样的职务，只要有可能，请想方设法多担一些责任，不断提高工作标准，主动请缨解决工作中的疑难问题。如此一来，短期内你或许不会收到什么好的效果，但你若就此养成一种良好的习惯，用不了太长时间，你的个人价值便会在公司不断攀升，因为你加在自己工作上的难度，无疑决定了你工作的高度——一个能主动要求承担更多责任或有能力承担责任的人，任何老板都需要。同时，这样的人也从来不愁没有发展和壮大自己的机会。

莎伦·莱希曾是三联公司的经理助理,那是位于伊利诺伊州斯科基市的一家地产公司。她系统地承担起了帮助经理开展工作的职责,而那样做意味着她的工作职责扩展到了包括一个办公室经理的责任。现在,她已经是这家公司的副总裁了。

莱希自己介绍说:"当经理不在时,我就担负起了运营的全部职责。这个工作对我来说难度很大,但我想知道自己行不行。"

三联公司的老板莫什·梅诺拉对莎伦·莱希甚是欣赏,他说:"如果她不自己做给我看,我不会知道她在这方面的能力。任何老板都在寻找这样的人,她能自动承担起责任和自愿帮助别人,即使没有告诉她要对某事负责或者对别人提供帮助。"

艾思普力特公司的员工米莉·罗德里格斯,也是一个类似的例子。

米莉刚开始是艾思普力特公司的一名普通职员,工作不久,为了改良工作方法,她主动提出:从海外货物储备到预付款的运输项目,所有的服务和市场营销领域都应当运用后勤学原理。为了落实这一想法,她担负的责任不断增加,也使得自己在老板心目中的地位更加重要。

不久,她便成为旧金山分公司的运输主管。

对此,她的老板说:"她为公司提出的建议不算新鲜,但完成起来很难,她很主动,而且完成了,她自然不会再是一名普通的职员。"

如果你能主动积极地扩展自己的职责,增加自己的工作难度,提升自己的工作标准，不仅可以得到更多的回报，而且，在这个过程中还可以学到更多的东西，从而有助于你更得心应手地把昔日的优势转变为未来的机会。

1997年8月，海尔为了发展整体卫浴设施，便派33岁的魏小娥前往日本，学习掌握世界上最先进的整体卫浴生产技术。在学习期间，魏小娥注意到，日本人试模期废品率一般都在30%~60%，设备调试正常后，废品率为2%。

"为什么不把合格率提高到100%？"魏小娥问日本的技术人员。"100%？你觉得可能吗？"日本人反问。从对话中，魏小娥意识到，不是日本人能力不行，而是思想上的桎梏使他们停滞于2%。作为一个海尔人，魏小娥的标准是100%，即"要么不干，要干就要争第一"。她拼命地利用每一分每一秒的学习时间，三周后，带着先进的技术知识和赶超日本人的信念回到了海尔。

时隔半年，日本模具专家宫川先生来华访问见到了"徒弟"魏小娥，她此时已是卫浴分厂的厂长。面对着一尘不染的生产现场、操作熟练的员工和100%合格的产品，他惊呆了，反过来向徒弟请教问题。

"有几个问题我曾绞尽脑汁地想办法解决，但最终没有成功。日本卫浴产品的现场脏乱不堪，我们一直想做得更好一些，但难度太大了。你们是怎样做到现场清洁的？100%的合格率是我们连想都不敢想的，对我们来说，2%的废品率、5%的不良品率天经地义，你们又是怎样提高产品合格率的呢？"

"用心。"魏小娥简单的回答又让宫川先生大吃一惊。用心，看似简单，其实不简单。

一天，下班回家已经很晚了，吃着饭的魏小娥仍然在想着怎样解决"毛边"的问题。突然，她眼睛一亮：女儿正在用卷笔刀削铅笔，铅笔屑都落在一个小盒内。魏小娥豁然开朗，顾不上吃饭，在灯下画起了图纸。第二天，一个专门收集毛边的"废料盒"诞生了，压出板材后清理下来的毛边直接落入盒内，避免了落在工作现场或原料上，也就有效地解决了板材的黑点问题。

魏小娥紧绷的质量之弦并未因此而放松。试模前一天，魏小娥在原料中发现了一根头发。这无疑是操作工在工作时无意中落入的。一根头发丝就是产品的定时炸弹，万一混进原料中就会出现废品。魏小娥马上给操作工统一制作了白衣、白帽，并要求大家统一剪短发。又一个可能出现2%废品的原因被消灭在萌芽之中。

2%的责任得到了100%的落实，2%的可能被一一杜绝。终于，100%，这个被日本人认为是"不可能"的产品合格率，魏小娥做到了，不管是在试模期间，还是设备调试正常后。

后来，海尔在全集团范围内掀起了向魏小娥学习的活动，学习她"认真解决每一个问题的精神"。

人之所以失败，并非是因为没有理由向困难挑战，而是因为有太多理由在困难面前退缩。他们认为加大工作难度、提高工作标准，显然是为自己制造麻烦，因此在工作上不求有功，但求无过，使自己的人生在工作中彻底堕入平庸。

事实上，在竞争如此激烈的现代社会，对很多面向多元发展的公司而言，员工不求有功便是有过，若长此以往，难免不会在某天清晨起来发现自己已被竞争者所超过、被市场所淘汰。

在心中为自己定一个标准

韩国现代公司的人力资源部经理在谈到对员工的要求时这样说："我们认为对员工的最好的要求是，他们能够在心中为自己树立一个标准，而这个标准应该符合他们所能够做到的最好的状态，并引领他们达到完美的状态。"

这位经理的话，无疑代表着现代社会下各家企业、公司较为普遍的择人观念。

如今，任何一家公司对员工的期望，都不再满足于公司规定怎么做，员工便去怎么做，而是期望员工能够自我加压、自我完善，成为能创造最大价值的人。这就要求员工心中必须对自己具有高要求，这样才能达到自我管理、自我发挥的状态。

在各种行业中，零售业是最考验服务水平的行业。

很多专家都研究过沃尔玛成功的原因，最终得出"服务无上限"为其成功的最根本原因，其结论有三：

其一，沃尔玛拥有全球性的信息网络，能够及时有效地反映全球的零售业变化；

其二，沃尔玛拥有整体高效的成本分摊系统；

其三，沃尔玛员工提供了优质而无可挑剔的服务。

在沃尔玛的店面里，员工都以最高的工作标准警醒自己。员工的微笑、服务、耐心、诚实早已是最基本的准则。他们追求的是向心中的完美状态进发。拥有这样的员工的沃尔玛当然不可阻挡地成为零售业的巨头，甚至超过了很多实业公司，成为"世界500强"企业的第一名。而沃尔玛的员工也为自己是沃尔玛的一员而骄傲，因为这意味着优秀、完美和卓越。员工用最高的标准要求自己，这便是给企业和自己带来的巨大效益的秘诀之一。

美国的马丁·路德·金曾经说过："如果一个人是清洁工，那么他也应该像米开朗琪罗绘画、像贝多芬谱曲、像莎士比亚写诗一样，以同样的心情来清扫街道。"假如你能以这种心态做事，达成目标就顺理成章了。

伏尔泰创作的悲剧《查伊尔》公演后，受到观众很高的评价，许多行家也认为这是一部成功之作。但是，当时伏尔泰本人对这一剧作并不满意，认为剧中对人物性格的刻画和故事情节的描写，还有许多不足之处。因此，他拿起笔来一次又一次地反复修改，直到自己满意才肯罢休。

经伏尔泰这样精心修改后，剧本确实一次比一次好，但演员们却非常厌烦，因为他每修改一次，演员们就得重新按修改本排练一次，这要花费许多精力和时间。为此，出演该剧的主要演员杜孚林气得拒绝和伏尔泰见面，不愿意接受伏尔泰重新修改后的剧本。这可把伏尔泰急坏了，他不得不亲自上门把稿子塞进杜孚林住所的信箱里。然而，杜孚林还是不愿看修改稿。

有一天，伏尔泰得到一个消息，杜孚林要举行盛大宴会招待友人。于是，他买了一个大馅饼和十二只山鹑，请人送到杜孚林的宴席上。

杜孚林高兴地收下了。在朋友们的热烈掌声中，他叫人把礼物端到餐桌上用刀切开，当礼物切开时，所有的客人都大吃一惊，原来每一只山鹑的嘴里都塞满了纸。他们将纸展开一看，原来是伏尔泰修改后的稿子。

杜孚林哭笑不得，后来只好按伏尔泰的修改稿重新演出。这部按修改稿排的剧一经演出，便在社会上引起了强烈的反响，取得了轰动效应。

伏尔泰是大作家，尚且如此兢兢业业，那么你呢？其实，对每一个人来说，只有用高标准要求自己，不断发现和改进自己作品的不足之处，才可能成就精美的作品和精彩的人生。

尽力将工作做到最好，力求完美、出色，这样，良好的职业道德就蕴含其中了。

坚持标准可以提升自身的能力和素质，可以激发每个人的才智、潜能并提升个人的工作能力。优秀的员工总是坚持自己或公司的做事标准，时刻要求自己把每一项工作当成事业来做。

日本的松下幸之助有一次发表讲话时说："看到员工努力向上的情景，我感觉非常欣慰。在这令人忧患的时代，本公司能很快从战争所造成的混乱局势中站起来，迈向复兴，就是因为我们比任何创业者都更能争取上进。我认为人人必须不甘于平庸，努力向上，才能创造出佳绩。"

完美的标准脱胎于不断努力的过程中。事实上，很多人都不能够很好地理解"标准没有上限"这句话。他们在工作中认为，只要做到了工作现有的全部要求，做到了100分也就是达到了完美的状态。其实，完美不是一种最终的结果，而是一种过程。在这种过程中，向完美进发的人对自我永远都处于不满足的状态，他们知道自己的工作或者人生都是不完美的，尽管自己在努力地按照要求来工作，但还是不够。因为完美对应的是一种更高层次的人生境界。在这样的人生境界中，每个人都必须不断地努力才有可能获得进一步发展的机会。

责任感让你更优秀

　　乔治到这家钢铁公司工作还不到一个月，就发现很多炼铁的矿石并没有得到完全充分的冶炼，一些矿石中还残留着没有被冶炼好的铁。如果这样下去，公司岂不是会有很大的损失？

　　于是，他找到了负责这项工作的工人，跟他说明了问题，这位工人说："如果技术有了问题，工程师一定会跟我说，现在还没有哪一位工程师向我说明这个问题，那就说明现在没有问题。"

　　乔治又找到了负责技术的工程师，对工程师说明了他看到的问题。工程师很自信地说我们的技术是世界一流的，怎么可能会有这样的问题？工程师并没有把他说的看成是一个很大的问题，还暗自认为，一个刚刚毕业的大学生能明白多少，不过是因为想博得别人的好感而表现自己罢了。

　　但是乔治认为这是个很大的问题，于是拿着没有冶炼好的矿石找到了公司负责技术的总工程师，他说："先生，我认为这是一块没有冶炼好的矿石，您认为呢？"

　　总工程师看了一眼，说："没错，年轻人你说得对。哪里来的矿石？"

　　乔治说："是我们公司的。"

　　"怎么会？我们公司的技术是一流的，怎么可能会有这样的问题？"总工程师很诧异。

"工程师也这么说，但事实确实如此。"乔治坚持道。

"看来是出问题了。怎么没有人向我反映？"总工程师有些发火了。

总工程师召集负责技术的工程师来到车间，果然发现了一些冶炼并不充分的矿石。经过检查发现，原来是监测机器的某个零件出现了问题，才导致了冶炼的不充分。

公司的总经理知道了这件事之后，不但奖励了乔治，而且还晋升乔治为负责技术监督的工程师。总经理不无感慨地说："我们公司并不缺少工程师，但缺少的是负责任的工程师。这么多工程师却没有一个人发现问题，并且当有人提出了问题，他们还不以为意。对于一个企业来讲，人才是重要的，但是更重要的是真正有责任感的人才。"

乔治从一个刚刚毕业的大学生成为负责技术监督的工程师，可以说是一次飞跃，而他之所以获得工作之后的第一步成功就是源于他的责任感，他的责任感让他的领导者认为可以对他委以重任。

一个有责任感的员工，不仅能完成自己分内的工作，而且会时时刻刻为企业着想。比如，他发现公司的员工最近一段时间工作效率比较低，或者他听到一些顾客对目前公司员工服务的抱怨，就把自己的想法和如何改善的方案写出来投到"员工信箱"中，为管理者改善管理提供一些参考。

一个真正有责任感的领导者会非常感激这样的员工，而且他会很欣慰，因为他的员工能够如此关爱自己的企业，关注企业的发展，他也会为拥有这样的员工感到骄傲，也只有这样的员工才能够得到企业的信任。

一家公司的内部报纸开辟了这样一个专栏，叫作"回音壁"，目的是让员工把他们看到的、感受到的有关企业的方方面面写出来，无论是批评还是建议，只要是真实的就可以，并对这样的员工给予表扬和奖励。因为管理者相信，员工是最能感受到企业细节的人，他们这么做，就是想让员工说出对企业的真实感受。他们这么做，极大地调动了员工的主观能动性，充分发挥了员工的积极性。他们不仅很好地完成了自己的本职工作，而且做了很多额外的工作。

海尔的一名员工这样说过：

"我会随时把我听到的、看到的关于海尔的意见记下来，哪怕我是在朋友的聚会上或是走在街上听陌生人说的话。因为作为一名员工，我有责任让我们的产品更好，我有责任让我们的企业更成熟、更完善。"

如果你兼有责任和忠诚两种信念，就不仅会勇于承担自己分内的责任，还会乐意挑起实现公司远景的重担。而对你的责任和忠诚的最大回报就是，你将被赋予更大的责任和使命。因为，只有这样的员工才真正值得信任，才能真正担当起企业赋予他的责任。

永远相信，方法总比问题多

美国前总统罗斯福说："克服困难的办法就是找办法，而且，只要去找，就一定有办法。"

比尔·盖茨曾说："一个出色的员工，应该懂得：要想让客户再度选择你的商品，就应该去寻找一个让客户再度接受你的理由。任何产品遇到了你善于思索的大脑，都肯定能有办法让它和微软的视窗一样行销天下。"

洛克菲勒也曾经一再地告诫他的职员："请你们不要忘了思索，就像不要忘了吃饭一样。"

在工作中，如果我们遇到了难题，就应该坚持这样的原则：找方法，而不是找借口。成功者找方法，失败者找借口。方法总比困难多，只要努力去找，解决困难的方法总是有的，而这些方法一定会让你有所受益。

生命是自己的，想活得积极而有意义，就要勇敢面对问题，向高难度的工作挑战，这是对自己生命品质的提升，也是让人生价值最大化的一个快捷途径。在工作中主动去找方法并能找到办法解决问题的员工，总能在关键时刻抓住机会脱颖而出。

能够适应复杂化的工作并在这种变化中生存，是企业考核一名合格员工的关键因素之一。工作中，习惯逃避问题的人面对越来越多元和复杂的工作内容，常常表现得束手无策，而那些勇于面对问题的人，不仅能够很好地适应复杂的工作，还能够在压力下做出积极反应，甚至还能在压力中得到激励。有一个著名的企业家说："职员必须停止把问题推给别人，应该学会运用自己的意志力和责任感，着手行动，处理这些问题，让自己真正承担起自己的责任来。"如果一名员工能够很好地适应工作的复杂性，并勇于面对工作中的种种问题，那么他成功的几率就会大大增加。

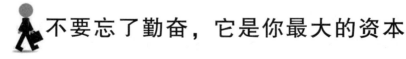

不要忘了勤奋，它是你最大的资本

无论时代怎样变迁，都不要忘了勤奋，勤奋是你最大的资本。

事实上，在一个公司里，并非具有杰出才能的人就容易得到提升，而是那些勤奋刻苦，并有良好技能的人才有更多的机会。

俗话说，一勤天下无难事。勤奋刻苦是一所高贵的学校，所有想有所成就的人都必须进入其中，在那里可以学到有用的知识、独立的精神和坚忍不拔的意志。其实，勤劳本身就是财富，如果你是一个勤劳、肯干、刻苦的员工，就像蜜蜂一样，采的花越多，酿的蜜也越多，你享受到的甜美也越多。

　　曾有人问李嘉诚的成功秘诀，李嘉诚讲了这样一则故事：

　　日本"推销之神"原一平在69岁时的一次演讲会上，当有人问他推销的秘诀时，他当场脱掉鞋袜，将提问者请上讲台，说："请你摸摸我的脚板。"

　　提问者摸了摸，十分惊讶地说："您脚底的老茧好厚呀！"

　　原一平说："因为我走的路比别人多，跑得比别人勤。"

　　提问者略一沉思，顿然醒悟。

　　李嘉诚讲完故事后，微笑着说："我没有资格让你来摸我的脚板，但可以告诉你，我脚底的老茧也很厚。"

　　人生中任何一种成功，都始之于勤并且成之于勤。勤奋是成功的根本，既是基础，也是秘诀。一个人要取得成功，唯一的捷径就是勤奋刻苦，摆脱浮躁的情绪，认真对待自己的工作。

　　命运掌握在勤勤恳恳工作的人的手上，所谓的成功正是这些人的智慧和勤劳的结晶。即使你的智力比别人稍微差一些，你的勤奋也会在日积月累中弥补这个弱势。

　　在工作中，许多人都会有很好的想法，但只有那些在艰苦探索的过程中付出辛勤劳动的人，才有可能取得令人瞩目的成绩。同样，公司的正常运转需要每一位员工付出努力，勤奋刻苦在这个时候显得尤其重要，而你的勤奋态度会为你的发展铺平道路。

绝大多数初入职场的年轻人，不管在哪个领域，从事什么样的工作，都会经历一段或长或短的"蘑菇"期。在那段时间里，年轻人就像蘑菇一样被置于阴暗的角落（在不受重视的部门，做着打杂跑腿的工作），时常会感到不公（无端的批评、指责、代人受过），处于自生自灭的状态（得不到必要的指导和提携）。无论多么优秀的人才，在工作初期都有可能被派去做一些烦琐的事情。在这种情况下，勤奋便显得尤为重要。

其实，不管你正处于"蘑菇"时期，还是你做的工作很单调很琐碎，你都应该认真做好每件事情，加速自己的成长。如果你是有志于做出事业的人，每天都应该问一问自己："我勤奋了吗？"

勤奋敬业的精神是走向成功最为坚实的基础，与之相反，懒惰则是成功的天敌。无法想象一个总是投机取巧的人能够获得怎样的成功？一个整日偷懒的人如何熬到出头之日！

年轻的约翰·沃纳梅克每天都要徒步 4 公里到费城，在那里的一家书店里打工，每周的报酬是 1 美元 25 美分，但他勤奋刻苦的精神让人感动。后来，他又转到一家制衣店工作，每周多得了 25 美分的工资。从这样的起点开始，他勤奋刻苦地工作，不断地向上攀登，最终成为了美国最大的商人之一。

1889 年，他被哈里森总统任命为邮政总局局长。

幸福需要勤奋去孕育，成功需要刻苦来铸就。即使你天资一般，只要勤奋工作，就能弥补自身的缺陷，最终成为一名成功者。

据说，古罗马人有两座圣殿：一座是勤奋的圣殿，另一座是荣誉的圣殿。他们在安排座位时有一个顺序，就是人们必须经过前者，才能到达后者。其寓意是，勤奋是通往荣誉的必经之路。那些试图绕过勤奋寻找荣誉的人，势必会被挡在荣誉的大门之外。

勤奋是检验成功的试金石。如果你对自己未来的工作充满梦想，如果你想以自己的工作而使自己一生富有，请勤奋工作，从现在开始。

要有打破因循守旧的勇气

一名优秀的员工不仅需要有打破因循守旧的思维，更要有创新的精神。我们来看看这样一个故事：

拉卢布尔鞋业制造公司和韦尔斯诺鞋业制造公司各自派出了一名业务员去开拓鞋业市场，一个叫约翰·杰克逊，另一个叫詹姆斯·艾尔森。

在同一天，他们两个人来到了非洲，到达当日，他们就发现从国王到贫民、从僧侣到贵妇，竟然无人穿鞋。

当晚，约翰·杰克逊向总部拍了一封电报："上帝呀，这里的人从不穿鞋，有谁还会买鞋？我明天就回去。"詹姆斯·艾尔森也向总部拍了一封电报："太好了！这里的人都不穿鞋。我决定把家搬来，在此长期住下了。"

两年后，这里的人都穿上了鞋……

大家可以看到，同样是非洲市场，同样是面对赤脚的非洲人，由于观念的差别，一个因循守旧，不战而败；而另一个信心满怀，敢于创新而大获全胜。"路漫漫其修远兮，吾将上下而求索。"在企业经营中，当我们面对难以打开的局面时，只有突破定式、打破常规，以超常思维来解决新问题，才能使企业不断获得新的突破。这对于企业经营的成功具有非凡的意义，其功效在于出其不意，独辟蹊径，而这恰恰是现代企业家所应具备的思维品质。

　　法国科学家法伯做过一个有名的"毛毛虫实验"。法伯在一只花盆的边缘上摆放了一些毛毛虫，让它们首尾相接围成一个圈，与此同时，在离花盆6英寸远的地方撒了一些毛毛虫最喜欢吃的松针。由于毛毛虫天生有一种"跟随者"的习性，因此它们一只跟着一只，绕着花盆边一圈一圈地行走。时间慢慢地过去，一分钟、一小时、一天……毛毛虫就这样固执地兜着圈子，一走到底。后来法伯把其中一只毛毛虫拿开，使其原来的环出现一个缺口，结果，在缺口头一个的毛毛虫自动地离开花盆边缘，找到了自己最喜欢吃的松针。

毛毛虫的实验告诉我们，在一个封闭的思维模式里，很容易导致盲从和跟随。综观世界500强公司的成功经验，不难得出一个结论，成功的因素很多，其中有一点是相同的，那就是提倡员工努力创新，不要因循守旧。彼得·德鲁克认为，不要墨守成规，不要追逐最新的管理时尚，形势将决定使用哪一种方法才能最好地完成团队任务。

　　美国有个叫杰福斯的牧童，他的工作是每天把羊群赶到牧场，并监视羊群不越过牧场的铁丝栅栏到相邻的菜园里吃菜就行了。

有一天，小杰福斯在牧场上不知不觉睡着了，不知过了多久，他被一阵怒骂声惊醒了。只见老板怒目圆睁，大声吼道："你这个没用的东西，菜园被羊群搅得一塌糊涂，你还在这里睡大觉！"

小杰福斯吓得面如土色，不敢回话。

这件事发生后，机灵的小杰福斯就想，怎样才能使羊群不再越过铁丝栅栏呢？他发现，那片有玫瑰花的地方，并没有更牢固的栅栏，但羊群从不过去，因为羊群怕玫瑰花的刺。"有了，"小杰福斯高兴地跳了起来，"如果在铁丝上加上一些刺，就可以挡住羊群了。"

于是，他先将铁丝剪成5厘米左右的小段，然后把它结在铁丝网上当刺。结好之后，他再放羊的时候，发现羊群起初也试图越过铁丝网去菜园，但每次都被刺疼后，惊恐地缩了回来，被多次刺疼之后，羊群再也不敢越过栅栏了。半年后，他申请了这项专利，并获批准。后来，这种带刺的铁丝网便风行世界。

实际上，人们经常把创新想象得太高深、太神秘、太复杂，并因此阻碍了他们创新，产品创新往往是在不经意间获得的，所以，伟大的创新往往是很简单的。下面看这样一个试验：

如果把6只蜜蜂和同样数量的苍蝇装进一个玻璃瓶中，然后将瓶子平放，让瓶底朝着窗户，会发生什么情况？

人们会看到蜜蜂不停地想在瓶底上找到出口，一直到它们力竭倒毙或饿死；而苍蝇则会在不到两分钟之内，穿过另一端的瓶颈逃逸一空。

事实上，正是由于蜜蜂的智力和它的趋光特性，才导致了其最终的灭亡。

蜜蜂以为，"囚室"的出口必然在光线最明亮的地方。它们不停地重复着这种合乎逻辑的行动。对蜜蜂来说，玻璃是一种超自然的神秘之物，它们在自然界中从没遇到过这种突然不可穿透的大气层；而它们的智力越高，这种奇怪的障碍就越显得无法接受和不可理解。

那些愚蠢的苍蝇则对事物的逻辑毫不留意，全然不顾亮光的吸引，四下乱飞，结果误打误撞地碰上了好运气。苍蝇得以最终发现那个梦寐以求的出口，并因此获得自由和新生。

上面所讲的故事并非寓言，而是美国密执安大学教授卡尔·韦克转述的一个绝妙的实验。韦克是一个著名的组织行为学者，著有《组织的社会心理学》等书。

韦克总结道："这件事说明，实验、坚持不懈、试错、冒险、即兴发挥、最佳途径、迂回前进、混乱、刻板和随机应变，所有这些都有助于应付变化。"

成功的设计实践总是跟实验、应变联系在一起的。打破僵化，无拘无束，保持宽松开放、生机勃勃的环境，这是所有出色的设计公司管理的真谛。IDEO 公司被称作"世界上最负盛名的设计公司"。其创始人托马斯·凯利直言："IDEO 是一个活生生的工作实验室，永远处在实验状态中。在我们的项目、我们的工作环境甚至我们的文化中，公司总在不断尝试新的想法。"

第7章　责任感和使命感比能力更重要

你的责任感胜于能力

工作就意味着责任，岗位就意味着任务。在这个世界上，没有不需要承担责任的工作，也没有不需要完成任务的岗位。西方有句谚语："要怎么收获，先怎么栽种。"也就是说，如果我们在工作和生活中养成了尽职尽责的习惯，那就等于为未来的成功埋下了一粒饱满的种子，一旦机会出现，这粒种子就会在我们的人生土壤中破土而出，成长为一棵参天大树。

一个星期天的下午，一群男孩在公园里做游戏。在这个游戏中，有人扮演将军，有人扮演上校，也有人扮演普通的士兵。有个"倒霉"的小男孩抽到了士兵的角色。他要接受所有长官的命令，而且要按照命令丝毫不差地完成任务。

"现在，我命令你去那个堡垒旁边站岗，没有我的命令不准离开。"扮演上校的亚历山大指着公园里的垃圾房神气地对小男孩说道。

"是的，长官。"小男孩快速、清脆地答道。接着，"长官"们离开现场；男孩来到垃圾房旁边，立正，站岗。

时间一分一秒地过去了，小男孩的双腿开始发酸，双手开始无力，天色也渐渐暗下来，却还不见"长官"来解除任务。

一个路人经过，看到正在站岗的小男孩，惊奇地问道："你一直站在这里干什么呢？下午进公园的时候我就看见你了。"

"我在站岗，没有长官的命令，我不能离开。"小男孩答道。"你，站岗?"路人哈哈大笑起来,"这只是游戏而已,何必当真呢?"

"不,我是一名士兵,要遵守长官的命令。"小男孩答道。"可是,你的小伙伴们可能已经回到家了,不会有人来下命令了,你还是回家吧。"路人劝道。

"不行,这是我的任务,我不能离开。"小男孩坚定地回答。

"好吧。"路人实在拿这个倔强的小家伙儿没有办法,只得摇了摇头,准备离开,"希望明天早上到公园散步的时候,还能见到你,到时我一定跟你说声'早上好'。"他开玩笑地说道。

听完这句话,小男孩开始觉得事情有些不对劲儿了:也许小伙伴们真的回家了。于是,他向路人求助道:"其实,我很想知道我的长官现在在哪里。你能不能帮我找到他们,让他们来给我解除任务?"

路人答应了。过了一会儿,他带来了一个不太好的消息:公园里没有一个小孩子。更糟糕的是,再过十分钟这里就要关门了。

小男孩开始着急了。他很想离开,但是没有得到离开的准许。难道他要在公园里一直待到天亮吗?

正在这时,一位军官走了过来,他了解完情况后,脱去身上的大衣,亮出自己的军装和军衔。接着,他以上校的身份郑重地向小男孩下命令,让他结束任务,离开岗位。

军官对小男孩的执行态度十分赞赏。回到家后,他告诉自己的夫人:"这个孩子长大以后一定是名出色的军人。他对工作岗位的责任意识让我震惊。"

军官的话一点没错。后来,小男孩果然成为一名赫赫有名的军队领袖——布莱德雷将军。

坚守岗位，完成任务，这就是我们所说的岗位责任。假如你是公司老板，在分派任务的时候，你会信任这样的人吗？在提升职位的时候，你会首先考虑他们吗？当然会！这样的人无疑是能够准确无误地完成任务的人。无论是在普通的岗位上，还是在重要的职位上，他们都能秉承一种负责、敬业的精神，一种服从、诚实的态度，并表现出完美的执行能力。这样的人是任何一个企业的最优选择，同时也是值得人们去尊敬的人。

老王是个退伍军人，三年前经朋友介绍来到一家工厂做仓库保管员。保管员的工作并不繁重，无非就是按时关灯、关好门窗、检验货品、防火防盗等，但老王却做得非常认真。他不仅每天做好往来工作人员的提货日志，将货物有条不紊地码放整齐，还从不间断地对仓库的各个角落进行清扫整理。三年下来，仓库在他的管理下安然无事，而且提货的工作人员每次来提货都会在最短的时间提到货物。

这一切都被工厂厂长看在眼里，在工厂建厂20年庆功会上，厂长给老王按老员工的级别颁发奖金5000元，并有进一步重用的意思。好多在厂工作几十年的老职工不理解，老王才来厂三年，凭什么拿到这些奖金？

厂长看出大家的不满，说道："你们知道我这三年中检查过几次咱们厂的仓库吗？一次也没有！这不是说我工作没做到，而是我一直都了解咱们厂的仓库保管情况。作为一名普通的仓库保管员，老王能够做到三年如一日地不出差错，而且积极配合其他部门人员的工作，忠于职守，比起一些老职工来说，老王真正做到了爱厂如家。我觉得这个奖励他当之无愧！"

在今天这个时代里，虽然到处都呈现出一片日新月异的景象，为人们提供了很多发展自己人生和事业的机遇，但是许多人的身上也滋生出了一种自由散漫、不负责任的坏习惯，导致职场人心浮躁，仿佛各行业的林立崛起，只要一技在手，就不愁没有落脚之地，于是许多人对于什么样的工作都抱着可干可不干的态度，反正这家不行可以换另一家。正是这样的态度，使得无数人工作无起色，居住无定所，看似拥有择业自由，实是追着工作来回在城市里奔走。

这些人往往不愿受约束，不严格要求自己，也不认真负责地履行自己的职责。面对一切岗位制度和公司纪律，都在内心深处嗤之以鼻，并持有较强的抵触情绪和怀疑态度。在工作和生活之中，他们也以玩世不恭的姿态对待自己的工作和职责。对自己所在机构或公司的工作报以嘲讽的态度，稍有不顺就频繁跳槽。他们在团体中，如果没有外在监督，就根本无法工作。他们对自己的工作推诿塞责。任何工作到了他们的手里都不能认真对待，以致年华空耗，事业无成。如此，又何谈谋求自我发展、提升自己的人生境界、改变自己的人生境遇、实现自己的人生梦想呢？

要知道，你虽然有权利选择最轻松、最惬意且不用负任何责任的工作，但是，老板也有权利选择最敬业、最能吃苦、最有责任感的员工。如果对上司交办的事务和其他部门商请的工作能推就推，惯以"这事我做不了""你还是找别人吧""这根本不是我的错"这类借口来推卸责任的话，最后你会发现，你已经成为企业里可有可无的人了。

责任胜于能力，一个人只有具备了尽职尽责的精神之后，才会产生改变一切的力量。

你的态度决定你的收入

只有以积极主动的态度来对待工作，在工作中付出双倍甚至更多的努力，才能够有更高的收入。

工作态度虽然无法量化，却比什么都重要。对于职场人士而言，薪水的高低最终将取决于自身的职业精神。那些优秀的员工在工作中大多以老板的心态对待自己的工作，他们会像老板一样把公司当成自己的公司，把每一份工作都当成是自己的事业，在工作中甚至表现得比他们的老板更加积极主动。这种工作态度无疑是职场上最为端正的工作态度。也正是在这种积极心态的导引下，那些优秀的员工才会取得更高的收入。

积极主动与消极被动的差异，主要体现在对待生活和工作的态度上。每个人工作的努力程度不一样，所取得的成果就不一样。而出现业绩差距的一个主要原因就是工作态度。良好的工作态度，是我们走向成功的前提。从长远来看，决定一个人的工资收入的深层因素，不是知识和技能本身，而是对待生活与工作的态度。

看看我们的周围：有些人以平庸的态度对待工作，差不多就行；只要我一天的工作对得起我所拿到的工资就行；我一天工作八小时对得起老板了；我为什么要主动做事呢，老板又不给我加薪；稍遇到不顺心的事就不积极进取等。他们无论是在生活中还是在工作中都抱着平庸的态度做事，结果也就以平庸收场。这就是说，如果一个人工作时没有主动性，没有进取心，那么，他们的人生终将是苍白的。只有当你选择主动的时候，你的薪水增加才会是有可能的事情。

新希望集团总裁刘永好到韩国一家面粉加工厂考察，他发现这家工厂每天的日产量是1500吨，工人仅有66人。而在国内，同样规模的面粉厂日生产能力只有一二百吨，刘永好自己的工厂的日处理能力为250吨，其效率相对高于国内同行业标准，却也有七八十名员工，日生产能力仅为韩国工厂的1/6。

为什么生产效率会有如此差距呢？其中的主要原因是什么呢？那就是对待工作的态度。在工厂里，韩国人做事总是手脚不停，无论是工人还是管理人员。比如说，某个人觉得自己的岗位比较空闲，就会做一些其他的事情。而在中国大部分的企业中，还存在着相当严重的"只要把自己的事情做得差不多就够了"的观念。

由此，刘永好想到，其中所反映出来的不是一个简单的相加的问题，不是说一个韩国人的效率是一个中国人的1.2倍，10个韩国人的效率就是12个中国人的效率；而应该是乘积关系，一个韩国人的工作效率，就等于1.2^{10}倍的中国人的效率。刘永好认为，韩国人比中国人收入高好几倍，这样算来还是很值得的。

一位伟人曾说过："你的心态就是你真正的主人。"你的态度在一定程度上已决定你是失败还是成功。要改变现状、克服困难，首先要做的就是端正态度。没有正确的态度，一切就无从谈起。

可见，一个人的态度直接决定了他的行为。它决定了你对待工作是尽力尽心，还是敷衍了事；是安于现状，还是积极进取。态度越积极，决心越大，对工作投入的心血就越多，从工作中所获得的回报也就相应地更为理想。尤其在一些技术含量不是很高的职位上，大多数人都可以胜任，能为自己的工作表现增加砝码的也就只有态度了。这时，积极的敬业精神就是你区别于其他人，使自己变得更重要的一种能力。因为，敬业的员工永远是受领导欢迎的员工。他们尊敬并重视自己所从事的职业，把工作当成自己的事业去努力，抱着认真负责、一丝不苟的工作态度，努力克服各种困难以完成自己的工作，并从努力工作中找到了人生的意义。

敬业在每个人的职业生涯中是如此重要而又不可或缺，但让员工敬业，却又不是一件容易的事。

据美国一家人力资源机构调查，在大部分公司里，75%的员工不敬业。也就是说，公司里的多数员工不敬业。而且，研究结果也表明，员工资历越长，越不敬业。通常来说，员工参加工作的第一年最敬业。随着资历加深，他们的敬业度逐步下降，大部分资深员工"人在心不在"或"在职退休"。而不敬业的员工会给所在公司带来巨大损失，具体表现为浪费资源，贻误商机导致公司利润减少，缺勤次数增加和效率低下等。

日本丰田公司的"推销大王"椎名保久发现，在生意场合，人们习惯于用火柴替对方点烟，然后把火柴盒留给对方。于是，他在火柴厂特制了一种火柴，在盒上印上自己的名字、公司的电话号码和公司附近的地图，然后赠给自己的客户。一盒火柴有很多根，每点一次烟，电话号码和地图就会出现在客户面前一次，而一般吸烟者通常都是在兴奋或困惑时才点火抽烟，习惯凝视火柴来思考。这种"无意识的注意"给人们留下特别深刻的印象。正是利用这小小火柴盒的影响，椎名保久使自己的业务额大幅度上涨并获得了巨大的成功。

椎名保久能在各种场合留意到各种对自己工作有益的事情，其中所反映出的，是他强烈的敬业精神。事实上，只要这种敬业意识深植于脑海，做起事来就会积极主动，从而获得更多的经验并取得更大的成就。

那么，在工作中如何才能做到敬业呢？这就要求我们有"三心"，即耐心、恒心和决心。任何事情都不是一蹴而就的，不可只凭一时的热情来工作，也不能在情绪低落时就马虎应付。特别是在平凡的岗位上要做到长期爱岗敬业，更需要坚忍不拔的毅力。

当敬业成为习惯之后，你将受益终身。因为你能从工作中学到比别人更多的经验，并提高自己的能力，而这些正是你的人生向上发展的踏脚石。就算你以后换了工作，或从事不同的行业，丰富的经验和好的工作方法也会为你带来帮助，你的敬业精神也会使你在成功之路上畅行无阻。因此，每一个职场中人，都应该培养和磨炼自己的敬业精神。因为无论你从事什么工作，或坐在什么位置，敬业精神都是你走向成功的宝贵财富。当敬业成为习惯，任何人都容易取得成功，或者至少会改变目前的状态。

在现代职场上，想要赢取高薪仍非一件易事。尤其是在内部竞争日益加剧的今天，过去那种听命行事的工作作风早已经不再受欢迎，唯有那些具有敬业精神的员工才能够赢得高薪，因为他们懂得主动工作。

然而，在我们的身边会存在这样一些人：他们每天准时上班、按点下班，不迟到、不早退，在他们看来这样便是一名合格的员工，就可以心安理得地领取工资甚至要求高薪了。事实上，拥有这样想法的人只要反思一下便不难发现，那些早出晚归的人不一定就是主动工作的人，每天看似忙忙碌碌的人不一定就是圆满完成工作的人，那些每天按时打卡、准时出现在办公室的人不一定就是对工作尽职尽责的人。或许对于这些的人来说，每天的工作其实是一种生活的负担而已。

试想，这样的人又怎么能够赢得老板的青睐、赢取高薪呢？

敬业精神是成功者之所以成功的一个重要因素，也是每一个员工的使命。同时，它也是每一个职业人士赢得高薪的关键。作为一名现代职场人士，当你能够以积极主动的精神来对待你的工作，并且能够尽职尽责地去完成这份工作的时候，你会因此而把工作完成得更圆满、更出色，并成为公司老板考虑加薪时的首要人选。

勇于执行，拒绝任何借口

作为现代企业的一名员工，要有敢于承担责任的精神。这不仅是对公司的忠诚，也是让自己获取高薪的保障。

"报告长官，没有任何借口！"这是美国西点军校二百年来奉行的最重要的行为准则，是西点军校传授给每一位新生的第一个理念。它强化的是每一位学员应想尽办法去完成任何一项任务，而不是为没有完成任务寻找借口，哪怕是看似合理的借口。因为在他们看来，有效执行就是不找任何借口。秉承这一理念，无数从西点走出的毕业生在各个领域里都取得了非凡的成就。

"没有任何借口！"西点军校学员的回答就是做出承诺，就是接受军官所赋予的责任和使命。即使是普通的站军姿、行军礼等千篇一律的训练，也培养了学员们的意志力和责任心，同时也练就了他们的执行力。但在生活、工作当中，我们缺少的正是这种想尽办法去完成任务的执行能力。在我们的周围，我们经常听到这样的借口：

"我可以早到的，如果不是堵车的话。"

"我没有把事情做完，是因为我没有足够的时间。"

"那个客户太挑剔了。"

"我没学过。"

"我没有那么多精力。"

"上级没有告诉我。"

……

其实，在每一个借口的背后，都隐藏着丰富的潜台词，只是我们根本就不愿说出来，甚至我们自己都不好意思说出来罢了。或许，借口让我们暂时逃避了困难和责任，但长期看来，借口却总是使我们丧失掉宝贵的发展机会。

我们经常听到的借口主要有以下几种情况：

第一，许多借口总是把"不""不是""没有"与"我"紧密联系在一起，其潜台词就是"这事与我无关"，而把本应该自己承担的责任推卸给别人。一个如此没有责任感的员工，是不可能获得上司的信赖和尊重的。因为在一个团队中，是不应该有"我"与"别人"的区分的。

第二，找借口是很容易让人养成拖延的坏习惯的。我们经常能够见到一些员工每天看起来忙忙碌碌，但实际上他们把本该一小时就能完成的工作变得需要半天的时间甚至更久才能完成。他们总是在寻找各种各样的借口，逃避自己该承担的责任。

第三，寻找借口的人缺乏创新精神和自动自发工作的能力，他们往往因循守旧，固守以前的经验、规则和思维。

第四，借口自己的能力或经验不足而造成失误，这样做显然是不适宜的。因为没有谁天生就能力非凡。正确的态度应该是正视现实，以一种积极的心态去努力学习、不断进取。

第五，借口自己能力较低，"我不行""我不可能"这种消极心态剥夺了个人成功的机会，最终让人一事无成。

但是，那些优秀的员工却总是具有良好的执行能力，总是把每一项工作尽力做到超出客户的预期，最大限度地满足客户提出的要求，而不是寻找各种借口推托；他们总是出色地完成上级安排的任务，替上级解决问题；他们总是尽全力配合同事的工作，对同事提出的帮助要求，也从不找任何借口推托或拖延。

工作当中，每个领导都希望自己的员工能够自觉主动地工作，他绝不愿把员工变成机器，被动地接受指令，也不愿接纳没有头脑如机器般的员工。所以，就像老师要求学生那样，领导也喜欢自觉主动的员工。

所谓工作自觉主动就是掌握领导的指令，加上自身的智慧与才干，把指令所要求的任务做得比领导预期的更完美；主动学习更多的跟工作有关的知识，并随时用在工作上；有高度的自律能力，不经督促，自行把工作保持在较高的效率水平上；了解公司及领导的期望，完成每一个目标；了解自己的身份和职位，随时调整自我去适应环境。

一位领导曾说过：请求领导分派工作比顺从领导分派工作要更高一个层次，这是一种变被动为主动的技巧，它不仅体现了员工的工作积极性、主动性，还增加了让领导认识自己的机会。这种工作方式已越来越为现代的领导和员工所重视。

一个积极主动的员工总是会带着思考去工作。在工作中，千万不要以为所有计划都能顺顺利利地进行，应事先想好后备方案以作为补救措施。比如你的领导准备出差，而你必须替他设想可能遗漏的东西以及可能出现的突发状况。如此一来，他不但会衷心感谢你，也会对你积极思考的应变能力留下深刻的印象。

在工作中，应该认真地思考遇到的每一个问题，有意识地多想一想自己的决定是否能够经受住考验，自己的计划是否全面周详，这样或许能够避免很多自以为是的幼稚错误，保证顺利圆满地完成每一项任务，并得到领导的赏识。

有没有带着思考去工作，结果可能会截然相反：事半功倍和事倍功半。

在你积极主动而又充满热情地工作时，还要考虑的一个要素是，要用领导的头脑来对待工作。即使你只是一名普通职员，你也应该像领导一样考虑事情。例如，公司怎样运作才能更合理，怎样能够使其他同事心情舒畅地工作等。这样，你将变得更加主动，而且会有一种未来尽在自己掌握中的良好感觉。

作为现代企业中的一名员工，你要想做到优秀、想拿到高薪，就必须具有强大的执行能力，拒绝任何借口，哪怕是那些看似合理的借口。一个没有执行能力的人，他所有的能力都得不到应有的发挥，他的潜力也更没有得见天日的机会。

事实上，我们不是缺少成功的欲望，而是缺少成功所需要的行动力。要做一个敢于行动、善于行动的人，把眼光放在最终目标上，清楚自己在前进的道路上该做什么不该做什么，然后把自己的热情和活力投入其中。行动高于一切，希望什么就主动去争取，只有不断地行动，你才能获得最终的成功。

设法多做事，而不是少做事

某外资企业，一个部门经理要回家休假，他在写申请单的时候就在想："我要申请半个月还是申请一个月，申请 10 天还是 20 天？如果我申请 20 天，我的职务代理人来帮我做现在的工作，等到 20 天以后，我回来的时候，他把我的工作都做得挺好了，我还有存在价值吗？"

这就是"抢活儿做"的市场经济。整个市场中的人员都处于快速流动中，主动进取当然就成为一种非常基本的生存观念。

我们不应该抱有"我必须为老板做什么"的想法，而应该多想想"我能为老板多做些什么"。

全心全意、尽职尽责是不够的，还应该在分内的工作之外多做一点，做得比别人期待的更高一点，如此才可以吸引更多的注意，给自我的提升创造更多的机会。你没有义务做自己职责范围以外的事，但是你也可以选择自愿去做，以驱策自己快速前进。率先主动是一种极珍贵、备受看重的素养，它能使人变得更加敏捷，更加积极。无论你是管理者，还是普通职员，"每天多做一点"的工作态度能使你从竞争中脱颖而出。你的老板、委托人和顾客会关注你、信赖你，从而给你更多的机会。

每天多做一点工作也许会占用你的时间，但是，你的行为会使你赢得良好的声誉，并增加他人对你的需要。

有几十种甚至更多的理由可以解释，你为什么应该养成"每天多做一点"的好习惯，尽管事实上很少有人这样做。其中两个原因是最主要的：其一，在建立了"每天多做一点"的好习惯之后，与四周那些尚未养成这种习惯的人相比，你已经具有了优势。这种习惯使你无论从事什么行业，都会有更多的人点名指定地要求你提供服务。其二，如果你希望将自己的右臂锻炼得更强壮，唯一的途径就是利用它来做最艰苦的工作。相反，如果长期不使用你的右臂，让它养尊处优，其结果就是使它变得更虚弱，甚至萎缩。

身处困境而拼搏能够产生巨大的力量，这是人生永恒不变的法则。如果你能比分内的工作多一点，那么，不仅能彰显自己勤奋的美德，还能发展成一种超凡的技巧与能力，使自己具有更强大的生存力量，从而摆脱困境。

想成为一名成功人士，必须树立终身学习的观念。既要学习专业知识，也要不断拓宽自己的知识面，一些看似无关的知识往往会在未来起巨大作用。而"每天多做一点"则能够给你提供这样的学习机会。

这个世界没有怀才不遇，在任何一种环境下，当你抱怨怀才不遇的时候，你要检讨的是自己是否缺少某一种才能，你要设法超越自己。如果你局限在"以成败论英雄"的情绪中，最后只能走向自己思维的死胡同。

不要只会羡慕那些有成就的人，实际上，每天的工作都会给我们带来许多浮出水面的机会。但是，很多人缺乏的不是机会，而是主动进取的态度。当你认为自己怀才不遇的时候，首先要问问自己的能力到底有多少，然后才会真正地发现路在脚下。只有主动进取，从脚下的路开始，才能一步步取得成功。

老板有主动进取的精神，如果生意不好，会想方设法努力奋进；而员工，常抱着一种为他人作嫁衣、事不关己的态度，乐得逍遥。其实，产生这两种心理的根源在于自身以什么样的身份看问题，老板已经充分认识到了只有努力奋进才能获得生存，而员工却还处在盲目阶段。如果以上述员工的态度工作，迟早会被淘汰，而且无论在任何地方，都难逃无法生存的命运。

身在"抢活儿做"的市场经济中，每个人都要设法多做事，而不是少做事，这完全是个人生存的需要。

如果你有能力承担两份职责，而你庆幸自己只承担了一份，那你首先是一个不愿意承担责任的人；其次，你拒绝让自己有更大的进步；再次，你先放弃了自己，然后放弃了能够承担更多责任的义务；最后，你辜负了别人，也辜负了自己，你与成功的距离不但不会接近，反而会一天天拉远。

一位人力资源部主管是这么解释的："一个人有能力或者通过一些努力就有能力承担两份职责，但他却不愿意这么做，而只选择承担一份职责，因为这样可以不必努力，而且很轻松。这样的人，我们可以认为他是一个责任感较差的人。"

"每天多一些努力"，不只是语言上的自我表白，而应是行动上的真正体现。如果你能够真正做到这些，你就会在工作中脱颖而出。其实，做到这些并不难。比如，比领导要求的上班时间早到一些，利用这点时间把一天的工作整理清楚，这样不至于让一天过得混乱；主动去工作，不要等着领导追问时才想到工作还没有做完；如果能迟一点回家，那么就利用下班的时间把一天的工作整理一下，看看哪些还没完成，需不需要加班，今天哪些工作完成得比较漂亮，哪些做得不够好，哪些需要改进，然后为自己今天的努力奖励自己一下。下一次当顾客、同事和老板要求你提供帮助，做一些分外的事情，而不是让他人来处理。积极地伸出援助之手吧！试着努力从另外一个角度来思考，譬如换一个角色，自己就是这件事的责任人，你将如何来更好地解决这些问题？

如果不是你的工作，而你做了，这就是机会。有人曾经研究为什么当机会来临时我们无法确认？因为机会总是乔装成"问题"的样子。当顾客、同事或者老板交给你某个难题时，也许正是为你创造了一个珍贵的机会。对于一个优秀的员工而言，公司的组织结构如何，谁该为此问题负责，谁应该具体完成这一任务，都不是最重要的，在他心目中唯一的想法就是如何将问题解决。

社会在发展，公司在成长，个人的职责范围也随之扩大。不要总是以"这不是我分内的工作"为由来逃避责任。当额外的工作分配到你头上时，不妨视之为是一种机遇。

把每一件事情做"到位"

某天，某外企的一位副总突然发现垃圾桶里有本公司生产的优良产品，他很紧张，怀疑有人故意搞破坏。于是开始一层层展开调查，结果大大出乎他的意料。其实，这件事的原因非常简单，就是因为一群员工做事不到位。

优良产品和不良产品是用不同颜色的篮子盛装的，不良品用红色篮子，良品用蓝色篮子。但是，这一天一位负责包装产品的员工不小心用不良品的红色篮子装了优良产品，这位员工是第一个犯错的人；接下来，第二个人随手把一张报纸丢在了红色篮子上面，于是就有第三个人把垃圾倒在里面；第四个人早晨来打扫卫生的时候，一看是垃圾，就把它拿去倒在垃圾桶里了。

每个人只错1%，最后就会造成把好产品丢到垃圾桶里的结果。

从这个案例可以看出，把工作做到位是多么重要。很多员工甚至管理者一直都认为自己犯1%的错误不会造成什么大问题，但是，通过以上案例可知，如果将99%连乘10次，就只剩90%了；如果一个公司有1000个人同时犯1%的错误，这个公司就无法正常运转了。所以，每个员工都要将自己的工作做到位，千万不能存任何侥幸心理。

人类的历史，充满着由于疏忽、畏难、敷衍、偷懒、轻率而造成的可怕惨剧。比如，在宾夕法尼亚州的奥斯汀镇，因为筑堤工程没有照着设计图去筑石基，结果堤岸溃决，全镇都被淹没，无数人死于非命。像这种因工作疏忽而引起悲剧的事实，在我们这片辽阔的土地上随时都有可能发生。我们还听说过医生把手术刀忘在病人肚子里、拔错牙、摘错器官的惨剧，想一想，如果我们成为这些事故中的受害者该有多么可怕！

再让我们来看消防队员这个职业。我们都知道消防队员行动特别迅速，如果像我们一样慢吞吞的，一幢房子早烧光了。可是你有所不知，消防队员所有的工具都必须非常严谨地合理放置；晚上入睡，消防队员的衣物的穿脱和摆放，都有十分明确的规范。否则，警报响起来，靴子找不到鞋带，裤子配不着皮带，怎么办？清代名臣曾国藩要求子女（包括儿媳妇在内）连没有什么大用处的布片、线头都必须有序分放，其实自有道理。

人一旦养成了敷衍了事的恶习，做起事来往往就会不诚实。这样，人们最终必定会轻视他的工作，从而轻视他的人品。粗劣的工作，就会造成粗劣的生活。工作是人们生活的一部分，做着粗劣的工作，不但使工作的效能降低，而且还会使人丧失做事的才能。所以，粗劣的工作，实在是摧毁理想、堕落生活、阻碍前进的仇敌。

要获得成功的唯一方法，就是在做事的时候抱着追求尽善尽美的态度，把工作做到位。无论做什么事，如果只是以做到"尚佳"为满意，或是做到半途便停止，那这个人绝不会成功。

张瑞敏领导的海尔如今已是企业界巨擘。但当初海尔的经营管理可是一塌糊涂，海尔制定出的第一条制度是"不许随地大小便"，可见海尔昔日情形。1985 年，海尔着手内部管理，为此编写了 10 万字的《质量保证手册》，制定了 121 项管理标准，49 项工作标准，1008 个技术标准。张瑞敏着手整理企业内部，而且愿意花大力气、花大价钱，小事当作大事做，一切工作都力争做到位。这样一来，才有了今天的成就。

有一位经理说过："做过我下属的人，大多数都觉得我要求甚严，因为我有两个要求是必须做到的。第一，接手的事必须按时、按标准完成，不能完成，做任何解释我都不听；第二，已做完的事情，自己检查认定完全没有错误再上报，不要等我检查出了破绽或漏洞再辩解。我曾经跟我的秘书分析说：'安排你做的事，无论巨细，你不去做就该我做，你做不到位，我就要返工。从管理角度说，公司花了大价钱请我，成本在你的10倍以上；从经济角度说，我花一小时能做的事，你花一天的时间做好，值。同样的道理，一件小事，你花了一个小时做完交给了我，当我发现了不足，再去补充、修订，花半个小时，如果这样，费你半天时间都要合算。你把小事做细了，我的工作效率就提高了。'从此，她的工作越来越到位，我的工作也就渐渐顺手了。"

马克曾是美国阿穆尔肥料厂的一名速记员。尽管他的上司和同事均养成了偷懒的恶习，马克仍保持认真做事的良好习惯，重视每一项工作。

一天，上司让马克替自己编一本阿穆尔先生前往欧洲用的密码电报书。马克不像同事那样，随意地写在几张纸上完事，而是编成了一本小巧的书，用电脑很清楚地打出来，然后又仔细装订好。做好之后，上司便交给了阿穆尔先生。

"这大概不是你做的吧？"阿穆尔先生问。

"呃，不……是……"上司紧张地回答。阿穆尔先生沉默了许久。

过了几天之后，马克代替了以前上司的职位。

员工的工作做不好，会影响企业运行的效率，最后影响企业的效益。管理者正是基于上述心理，才希望下属能把工作做得尽量完美，使他不至于浪费时间去处理琐碎小事。工作做不到位的下属是最令上司不满的，这样的人的职业生涯恐怕不会太乐观。

因此，把工作做到位，应该成为每一个合格员工的座右铭。

勇于承担自己的责任

我们在一些功夫片中常能看见一些敢做敢当的大侠，并十分钦佩他们。其实，在企业里，老板也喜欢那些敢做和敢当、勇于承担责任的员工。因为，在现代社会里，责任感是很重要的，不论对于家庭、公司，还是社交圈子，都是如此。

在很多老板看来，责任感意味着对公司的专注和忠诚。

"我警告我们公司的人，"美国塞文事务机器公司前董事长保罗·查来普说："如果有谁说'那不是我的错，那是他（其他的同事）的责任'被我听到的话，我就开除他。因为说这话的人显然对我们公司没有足够的兴趣——如果你愿意站在那儿，眼睁睁地看着一个醉鬼坐进车子里去开车，或任何一个没有穿救生衣、只有两岁大的小孩单独在码头边玩耍——好吧！可是我不会容许你这样做的。你必须跑过去保护那两岁大的小孩才行。"

"同样地，不论是不是你的责任，只要关系到公司的利益，你都该毫不犹豫地加以维护。因为，如果一个员工想要得到提升，任何一件事都是他的责任。如果你想使老板相信你是个当老板的材料，最好、最快的方法莫过于积极寻找并抓牢促进公司利益的机会，哪怕不关你的责任，你也要这么做。"艾克松集团的副总裁爱德华·休斯说，"工作出现问题，是自己的责任的话，应该勇于承认，并设法改善。慌忙推卸责任并置之度外，以为老板没有察觉，未免太低估老板了。老板之所以能够排除万难建立他的事业，必有过人之处。连一些小问题的责任也不能分辨谁是谁非，似乎说不过去。我不愿意让那些热衷于推卸责任的员工来做我的部下，这会使我不踏实。"

妥善解决问题，勇于承担责任，是一个员工合格与否的最大区别。

在工作中，所遇到的问题综合而言，不外乎以下几种：具有障碍性质的问题，也就是为了达到目标，而让员工顿感困扰，难以处理的问题；与所定的基准发生偏差的问题，如销售量不能达到预期的增长率、贸易纠纷发生率偏高、出错误的件数比平常增加等；为了达到目标而必须解决、改善的重要问题，属于创新之类的问题；这是公司为了将来要开创新的事业、开发新产品等衍生出来的问题。员工必须表现得愿意积极面对新的挑战，同心协力，努力去克服困难。

如果员工真的在推卸责任，老板也许会因为他尚有其他长处可用，不愿当众揭破他推卸责任的行为，但是，在老板的心目中，早已判断他是一个并不可靠的人。如此一来，这个人的升迁之路恐怕也就走到尽头了。

别以为只有老板和其他领导才是负责人。老板心目中的合格员工，个个都应是负责人。对自己的行为负责，对公司和老板负责，对客户负责，这才是老板心目中良好的公司人。只有这样的人才容易得到老板的垂青，因而也有希望尽快升职。老板希望员工能以积极、热情、认真的态度去工作，他们认为这样的员工是公司进步的动力。

老板深深知道：热情能够感染别人的情绪，使事情朝好的方向发展。在公司里，有相当一部分员工，他们不但很少相信别人，甚至有时连自己也不相信。这样的员工很难受到老板的赏识。

缺乏自信的员工有以下特征：

优柔寡断。他们遇到一点阻滞，而上司又不在场时，为了不使工作程序出错，而宁愿把工作中止。此举可能会拖延工作时间，令其他部门配合工作的人员受到拖累。他们可能有好的变通方法，可是不愿意去判断这种方法是否有效，更不愿去承担后果。

"应声虫"。他们总是认为别人的意见是可行的，自己永不参与研讨行列，在会议中，永远做聆听的一方。当老板或上司要他表示意见时，他只是说赞成或认同上级的意见，表示愿意配合。

易受打击。他们对自己所做的成绩不懂评价，容易因受到批评而感到沮丧。在激烈竞争的商业社会中，缺少自信的人，根本无法维护自己的尊严，也容易使事业不成。事实上，只要对自己所作所为感到满意，并认为是一项不俗的表现，就应该敢于坚持自己的设想。

经常转工。一位大公司的董事说过："年轻人缺乏自信的时候，在某个环境稍感不如意，就会萌生逃避的意念。他们有些人以为时不我与，或者怀才不遇，却不知他们本身也未能真正认同和欣赏自己。"经常转工除了浪费老板的资源之外，也浪费了自己的时间和精力，转工次数越多，自信心越弱，一旦感觉到经济环境不认可他的发展，便自暴自弃。

频频跳槽。老板们最不欣赏那些"跳草裙舞"的人，他们往往借辞职来引起老板的注意，从而给予更多的利益去挽留他们。这种举动不仅是自身缺乏信心的表现，更令老板对之丧失信心。要挟老板是不理智的行为，少了某一人，公司照样运转，老板们最讨厌要挟。

相反，如果一个员工能够做到平日认同自己的优点、遇挫折时不怨天尤人或自怨自艾，保持稳定的情绪，对自己和公司的前途充满乐观和自信，头脑清醒，对工作勇于承担责任，而不是往后躲，那么，只要一有机会，他就可能受到老板的重用。因为这是老板心中理想的乐观自信的员工。

此外，老板欣赏在工作中敢冒风险的员工。任何事情都不会是完全确定的，都会有一定的风险。所谓风险，是指可能产生的危险。风险具有不确定性。这种不确定性，可能给人带来损失，也可以给人带来收益。冒险是指冒风险，是一种经受危险可能得到对自己很有价值的东西的行动，是人们针对风险有意识的行为。

风险与发展机遇同在，风险与绩效利益共存，有风险就有机遇。人们之所以大胆地迎向风险、大胆冒险，其原因之一是在风险之后有高额的风险报酬，而风险报酬与风险程度同向递增。风险越大，风险报酬越高，这就是风险的魅力所在。

员工在面对风险时不能畏惧，也不能逃避，一味地逃避风险则是懦弱、胆小怕事的表现，到最后终将一事无成。真正有所作为并且成功的人士，都能"敢为人之不敢为"，因为只有这样才能抓住机遇并取得高额的回报。

但是，冒险并不代表莽撞行事，闭着眼睛胡乱去闯。在面对各种风险时，首先要沉着冷静，并且事前要仔细分析各种主客观因素和条件，分析冒险所得与冒险的代价是否相当，还要分析自己的能力和水平是否能扫清障碍、战胜困难，准确地把握风险的度；在冒险行为的实施过程中，还要周密计划，合理组织，精心运作，将风险降至最低程度。

而冒进则是有勇无谋，既不了解自己又不了解客观的毫无准备、随意而为地盲目行动，其结果只能是经过风险冲击后得不偿失，甚至倾家荡产。其实质是违反事物发展的客观规律。急于求成，反而只败不成。古话说"不入虎穴，焉得虎子"，这本来是一件既有风险又有价值的事，搞得好既可能得到虎子还能全身而退，但这要做好充分准备，如果你毫无准备，老虎扑来不知所措，自己连命都给丢了，还谈什么"虎子"，这实际上就是冒进。面对风险，要敢于冒险，但不能蛮干、不可冒进；要敢为，但也得"能"为。

绝大多数老板都要求员工具有积极进取的冒险精神，这可以令他的企业有更大的发展。当然，那些安于现状的员工只能作为"垫底"，这种人令老板放心，但绝不会令老板欣赏。

老板喜欢善于处理危机的员工。尽管老板表面上无特别褒奖，但在他的心底里会将员工分成不同等级。具有冒险精神的员工，在他的心目中地位特殊，因为这类员工能为他的公司带来不可预知的利益。

不断改进，做到最好

有个刚刚进入公司的年轻员工自认为专业能力很强，对待工作很随意。有一天，他的老板直接交给他一项任务，为一家知名企业做一个广告策划方案。

　　这个年轻员工见是老板亲自交代的，不敢怠慢，认认真真地搞了半个月，之后，他拿着这个方案走进了老板的办公室，恭恭敬敬地放在老板的桌子上。谁知，老板看都没看，只说了一句话："这是你能做的最好的方案吗？"年轻人一怔，没敢回答，老板轻轻地把方案推给年轻人。年轻人什么也没说，拿起方案走回自己的办公室。

　　年轻人苦思冥想了好几天，修改后交上，老板还是那句话："这是你能做的最好的方案吗？"年轻人心中忐忑不安，不敢给予肯定的答复。于是老板还是让他拿回去修改。

　　这样反复了四五次，最后一次的时候，年轻人信心百倍地说："是的，我认为这是最好的方案。"老板微笑着说："好！这个方案批准通过。"

　　有了这次经历，年轻员工明白了一个道理：只有持续不断地改进，工作才能做好。以后在工作中他经常自问："这是我能做的最好的方案吗？"然后再不断进行改善，不久他就成为了公司不可缺少的一员，老板对他的工作非常满意。现在这个年轻人已经成了部门主管，他领导的团队业绩一直很好。

　　因此，我们可以得出这样的结论，工作做完了，并不代表不可以再有改进。在满意的成绩中，仍抱着客观的态度找出毛病，发掘未发挥的潜力，创造出最佳业绩，这才是真正合格的员工。

　　有的员工认为追求完美会让自己工作起来疲于奔命，似乎永远看不到最终的目标。可是它对职场中的人来说很重要，因为自我满足就意味着停滞不前，一旦一个人自以为工作做得很出色了，他就会故步自封，难以突破自我，慢慢地他就会逐渐找不到自己的位置。

要想做职场上的常胜将军，秘诀只有一条，那就是随时思考改进自己的工作。

那个只要肯出力就能做好工作的时代已经过去了。公司聘请你来是要你做好工作，但更重要的是，你要随时思考，运用你的判断力，以组织利益为前提采取行动。所以，员工要时刻提醒自己，任何工作都有"百尺竿头，更进一步"的可能——你的方案是最好的吗？

成功的员工喜欢问自己的一个问题是："怎么样才能做得更好？"人具有这样的问题意识，自然能够了解自己所欠缺的、不足的还有很多，这些可能正是公司今后需要的。

质疑自己的工作似乎并不难，但大多数员工并没有这样做。一位老板在他的回忆录上这样写道："事实上往往有些员工接到指令后就去执行，他需要老板具体而细致地说明每一个项目，完全不曾思考任务本身的意义，以及可以发展到什么程度。我认为这种员工是不会有出息的。因为他们不知道思考能力对于人的发展是多么重要。不思进取的人在接到指令的那一刻开始，就感到厌倦，他们不愿费半点脑筋，最好是能像电脑一样，输入了程序不用思考就能把工作完成。"

所以，不断思考改进是一个合格员工必须做的事。在你对既有工作流程寻求改变以前，必须先努力了解既有的工作流程，以及这样做的原因。然后质疑既有的工作方法，想一想能不能做进一步改善。培养自己一丝不苟的工作作风。那种认为小事可以被忽略或置之不理的想法，正是你做事不能善始善终的根源，它直接导致工作中漏洞百出。

一个人成功与否在于他是否做什么都力求最好，成功者无论从事什么工作，都绝对不会轻率疏忽。因此，在工作中就应该以最高的规格要求自己。能做到最好，就必须做到最好。这样的员工才是一个合格的员工。

第8章

工作才能让你从平凡到优秀

工作是人生最大的财富

对一个人来说，生命中最重要的活动就是工作，无论你在这世界上选择什么样的工作？为什么工作？如何对待工作？从根本上来说，这不是一个简单的关于干什么事和得多少报酬的问题，而是一个关乎生命意义和人生价值的问题。因为除去工作的其他意义不论，工作首先是一种社会创造，创造必有价值，有价值的东西必会使他人受惠，使他人受惠的创造必然使创造者的工作价值得到提升。因此，我们每一个人在生活中所从事的工作不仅是为了自己的生存问题和事业理想，同时也是在为社会为他人创造价值。

诺贝尔经济学奖得主尼尔·卡尼曼是一位美式足球爱好者，他从不错过每年1月份的季后赛。美式足球的比赛时间为一场60分钟，其实并不算长，但同其他球赛一样，其中少不了犯规、换场、中场休息、伤停补时、教练叫停等，这样要耗费很多时间。花这么长的时间在电视机前看比赛，尼尔·卡尼曼感到很浪费时间，甚至产生了罪恶感。然而，球赛又不能不看，因此为了在心理上找到平衡，他准备在看球赛时给自己找点儿事干。

于是，他在后院捡了两大桶核桃，放到客厅里，一边看电视，一边敲核桃，这样忙碌着使自己不至于闲着无事，心理自然安定了许多。

可尼尔·卡尼曼边看球赛边敲核桃时，脑子里突然冒出了一连串的问题：为什么自己长时间坐在电视机前无事可做会有罪恶感？为什么自己这么一会儿没工作就心里不踏实？

尼尔·卡尼曼在不断地敲核桃的过程中悟出了一道理：社会赞许工作，工作不仅对个人有好处，对其他人也有好处。如果一个人只是饱食终日，那么除他自己的得失之外，别人也无法享受他从事生产带来的"交换价值"。

尼尔·卡尼曼由此得出一个观点：社会对工作赋予道德上正面的价值，直接或间接地促进了社会的发展和进步。

是啊！社会赋予了工作正面的价值，又鼓励人在工作中实现自身的价值，如果有一天人类停止了工作，这个社会便几乎无价值可言，人类社会的毁灭也就不远了。因此，工作是人生最大的财富，人们不仅可借此改变自己的生存境况，满足心理上的各种欲望，还可以借此肯定自己人生的价值，以及作为社会大家庭一分子的生命意义。

正如蜜蜂的天职是采花酿蜜一样，人的天职就是工作。如果一个人轻视自己的工作，而且做得很粗疏，那么他绝不会得到别人的尊敬，同时也会慢慢让自己瞧不起自己。如果一个人认为他在工作中得到的只是苦累、烦闷，甚至已经到了忍无可忍的地步，那么一定工作得很糟，不是在敷衍工作便是在糊弄自己。同样，如果一个人想坐享其成，不愿参加任何工作的话，那么他不仅失去了人生最大的财富，同时也失去了自己生命的意义。

有一个乞丐，因为上了年纪行走不便，乞讨所得已很难让他将生计维持下去。

有一天，他遇到了上帝，极力请求上帝满足他三个愿望，上帝欣然答应了他。

乞丐的第一个愿望就是变成一位有钱人，上帝立刻满足了他。成为有钱人后，乞丐见有了钱却已年老便说出了自己的第二个愿望：年轻40岁。上帝挥挥手，老乞丐变成了20多岁的小伙子。乞丐兴奋极了，心想自己现在又年轻又有钱，如果一辈子不用工作就更好了，便对上帝提出了自己的第三个愿望：一辈子不要工作。上帝又答应了他。于是乞丐立刻又变回了原来的他——一个整天在路边街角乞讨的又老又脏的乞丐。

乞丐不知发生了什么事，向上帝惊呼："这是为什么？我怎么又变回原来的样子了？"

上帝说："工作是我能给你的最大财富了。想一想，如果你什么都不做，整天无所事事，给你再多的东西有什么用？只有不断去工作，你的生命才有意义。一辈子不要工作，你要那么年轻干什么？"

乞丐听后呜咽着说："可是我不想一无所有？"

上帝说："你已经将我赐予你的最大财富都扔掉了，你只能像以前一样一无所有了。"

这个颇有寓意的小故事，其现实意义在于告诫人们不要忘记生存的根本。虽然我们每一个人都不像乞丐那样贫穷，也不可能像乞丐那样愚蠢地去渴望成为有钱的闲人，但不可否认的是，我们每一个人都或多或少地有着过上安逸生活的欲望。这种想法的本质就是轻视劳动，忽视工作在生命中的价值和重要性。

美国石油大王约翰·洛克菲勒曾说过："除了工作，没有哪项活动能提供如此高度的充实自我、表达自我的机会，也没有哪项活动能提供如此强的个人使命感和一种活着的理由。工作的质量往往决定生活的质量。"

有一位医生，他在当了10年的执业医生之后，赚了一笔钱，于45岁宣布退休，全家移民美国，每天从事他最喜爱的两项休闲活动：打高尔夫球与钓鱼。

一年后，出乎所有人意料，他又回到原来的地方继续做执业医生。

朋友们都很奇怪，这位医生便诚实地说："连续打高尔夫球与钓鱼一个月就烦了，没有工作形同坐牢，后来我在美国跟许多移民一样，成了'三等人'。"

朋友们都好奇地问："何谓'三等人'呢？"这位医生苦笑道："首先是等吃饭，吃完饭之后是等打牌，打完牌之后就是等死了。这样等了一年实在让人受不了。只好回来再开业了。"

工作是人生最大的财富，这种财富包括物质更包括精神，人生中那些奋斗拼搏的日子正是追求幸福的过程。西方有句谚语："No pains, No gains.（不劳无获）"这句话颇能解释为什么在最新的一份调查中，有33%的美国人愿意长时间工作，因为长时间的工作意味着经济繁荣和更高品质的生活。

为了事业的成功，我们在工作中也许唯有竭尽全力，默默忍受奋斗的艰辛，等待那不全是成功的"喜悦"，但是我们最终会明白，那些奋斗拼搏的日子正是追求幸福的过程，也正是我们希望拥有的最美丽的日子和最高贵的财富。

用工作雕刻自己的人生

一个人的一生，是他亲手制成的雕像，是美丽还是丑恶、可爱还是可憎，都由他一手造成。而一个人在工作中的一举一动，每做一件事，无论是接待一位顾客、出售一件货物，或是接听一个电话，都在说明雕像的美与丑或可爱与可憎，都会给自己的人生带来不可小觑的影响。

　　古希腊雕刻家菲多亚斯以工作一丝不苟著称，一次他被委派给雅典城雕刻一座雕像。当菲多亚斯完成雕像要求支付薪金时，雅典市的会计官却以没有人看到他工作为由拒绝支付薪金。

　　菲多亚斯反驳说："你错了，上帝看见了！上帝把这项工作委派给我的时候，他就一直在旁边注视着我，他知道我是如何一点一滴地完成这座雕像的。"

上帝当然没有注视着菲多亚斯是如何完成工作的，但菲多亚斯知道自己对这座雕像倾注了多少心血，他对工作的严谨态度就是自己的上帝，他知道自己做到了，同时也坚信自己的雕像是一个完美的作品。

事实证明了菲多亚斯的伟大，在2400多年后的今天，这座雕像仍然伫立在帕台农神殿的屋顶上，成为受人敬仰的艺术杰作。菲多亚斯在2400多年前为雅典雕刻这座雕像时，其实也是在为自己雕像。如同菲多亚斯一样，我们每个人在从事工作的时候也是在为自己塑造雕像。雕像的好坏完全掌握在自己手中，而且在很多时候都没有标准、没有监督，只能靠自己的职业操守和对待工作的态度去完成。

　　弗雷德是美国邮政局的一名普通邮差，然而他却实现自己的人生从平凡到杰出的跨越。他的故事改变了两亿美国人的观念。

一天，职业演说家桑布恩迁至新居，邮差弗雷德前来拜访："上午好，先生！我的名字叫弗雷德，是这里的邮差，我顺道来看看，向你表示欢迎，同时也希望对你有所了解，比如你的职业。"

当得知桑布恩是一位演说家时，弗雷德问："那么你肯定要经常出差旅行了？"

"是的，确实如此，我一年有两百来天出门在外。"

弗雷德点点头继续说："这样的话，你最好能给我一份你的日程表。你不在家的时候我可以把你的信件暂时代为保管，打包放好，然后等你回来时再送过来。"

演说家听后有些吃惊，急忙说道："把信放在门口邮箱里就行了，我回来时取也一样的。"

弗雷德解释道："桑布恩先生，窃贼经常会窥探住户的邮箱，如果发现是满的，就表明主人不在家，那你可就要深受其害了。"

"不如这样好了，"弗雷德继续说，"只要邮箱的盖子还能盖上，我就把信放到里面，别人不会看出你不在家。塞不进去的邮件，我搁在房门和屏栅门之间，从外面看不见。如果那里也放满了信，我就将信留着等你回来。"

两周后，演说家出差回来，发现擦鞋垫跑到了门廊一角了，下面还遮着什么东西。原来，美国联合公司把他的一个包裹送错了地方，弗雷德把它捡回来，送回原处，还留了张纸条。

演说家桑布恩后来在许多次演说中都情不自禁地讲起这个邮差，他说："他就这样工作着，虽因四处奔跑的原因，每次见他都不一样，但你一想起他，便有一个固定的形象在你眼前闪现，那是一种不变的、让人敬仰的形象。"

弗雷德用自己的工作为自己的人生塑造了一座完美的雕像，被演说家桑布恩四处传颂着。其实，他干的工作与我们日常所干的工作并没有什么不同，但你能看出他的用心、他的责任感以及他的热情。

一个优秀的员工无论做什么工作，都会避免毫无节制地消磨时光和敷衍了事。事实上，一个人能否在工作中表现出一种雕塑的精神，竭尽全力去完善自己，是决定他日后人生事业成败的关键。

我们知道，工作是需要我们用生命去做的事，对一个人来说，生命中最重要的活动就是工作，我们用自己的大半生去努力工作，实现自己的人生价值，其中，工作在我们的生命历程中所具有的意义，其实就是我们的人生意义。

毕业于西点军校的海军中将威尔逊，于1870年参加海军，22岁时升为上尉。1894年在一次海战中失去右眼，1896年晋升为分舰队司令，第二年获海军少将军衔。后在一次战役中失去右臂，复员返乡。1899年重返军队时晋升为中将。1899年10月21日在吉巴特拉法尔加角海战中，大败法西联合舰队，最终挫败西班牙入侵美国的计划，他也在这次作战中阵亡。

威尔逊期望海军以人道的方式获胜，有别于他国。他在这次战役中两次下令停止炮击"无敌"号舰，因为该舰已被击中，丧失了战斗能力。但不幸的是，正是因为他的两次下令停止炮击，给了对方喘息的机会，"无敌"号舰从尾樯顶部开火，击中了他的肩膀，鲜血从伤口不断涌出。当时帮他处理伤口的波特医生看到这种情况知道自己已是无力回天。

威尔逊也知道自己这次没有活命的可能，他叫来舰长哈森，很费力地低声对他说："不要将我扔到大海里。"他说最好把他埋葬在父母身边，除非国家有其他安排。然后流露了个人感情："关照亲爱的戴维尔夫人，哈森，关照亲爱的戴维尔夫人，吻我。"

哈森跪下去吻了他的脸，他说："现在我满意了，感谢上帝，我履行了我的职责！"

他说话越来越困难了，但仍然清晰地重复着说："感谢上帝，我履行了我的职责！"这是他最后所说的话。

海军中将威尔逊的事迹几乎感动了全世界的人，人们自发地为他塑造雕像，纪念这位人道主义战将的英灵。他热爱自己的事业，从参加海军到晋升为中将一直秉持着自己的职业操守，他用自己的职业信念诠释了自己的人生信念，用自己的职业追求为自己树起了一座生命的丰碑。

快乐工作才能快乐生活

工作是人生不可或缺的一部分，一个人抱着什么样的态度去工作，就是抱着什么样的态度去生活。卡尔文·库艺说："人生真正的快乐不是无忧无虑，不是去享受，这样的快乐是短暂的。缺少一份充满魅力的工作，你就无法领略到真正的快乐。"

那么，什么样的工作才算是有魅力的工作呢？我们每个人心里或许都有自己的答案，但同时我们也应该明白，这并不是最重要的。因为我们心里明白，一份工作是不是充满魅力，并不完全取决于工作本身，而是从事该工作的人对这份工作所持有的态度。

诗人弥尔顿说："一切皆由心生，天堂和地狱只不过一念之间。"你认为自己工作得很快乐，你就会工作得很快乐；你认为上班简直是一件苦差事，那你从每周一到周五都会感到很痛苦。正如某位哲人所说，你选择了如此，你便如此。其实，在我们的人生旅程中，很多时候根本无从选择，比如父母、性别、出生环境；比如可以选择学校却无法选择老师，可以选择工作却无法选择上司和同事。但很多时候又充满了选择，比如面对困难是坚持还是放弃、面对逆境是哭还是笑、面对挑战是快乐还是忧伤、面对生活是乐观还是悲观。因为无从选择，我们学会了接受的同时也经历了磨炼；因为可以选择，我们与命运相搏，追寻自身的价值，实现人生的理想。

这就是生活。如果你不能牢牢把握自己的选择，你就失去了主宰自己命运的机会。

同样，如果你不能在自己所从事的工作中创造出魅力，寻找到让自己快乐的东西，你也就失去了从事这份工作的意义。

一日一位学者在外散步，看见一个警察愁眉苦脸的，就问："怎么了？有什么事情让你烦恼吗？"

警察回答说："我一天到晚地巡逻只有10美元，这样的工作简直是在浪费时间。"

后来一个灰头土脸的扫烟囱的人走过来，学者觉得他很快乐，就问他："你一天能有多少收入？"

扫烟囱的人回答："3美元。"学者又继续问："一天才拿3美元，你为什么这么快乐？"扫烟囱的人惊讶地说："为什么不呢？"警察鄙视地说："只有垃圾才爱干垃圾的工作。"学者严肃地说："警察先生你错了，他在干着使自己愉悦的工作，但是你却每天被工作奴役着，他的人生一定比你更精彩！"

人生最大的价值，就是让自己活得精彩。苏格拉底说："每个人身上都有太阳，只是要让它发出光来很难。"我们大都是平凡的人，做着平凡的工作、平凡的事，处在平凡的工作岗位上，但平凡并不意味着平庸，只要我们让自己所工作的每一天都充实而有意义，工作自然会对我们显示出魅力，让我们为之快乐。爱迪生曾说："在我的一生中，从未感觉是在工作，一切都是对我的安慰……"

工作是一个人价值的体现，如果将它当成苦役，生活的乐趣从何而来？每天很早就起床，急急忙忙赶往公司，坐一天，或者跑一天，好不容易熬到下班再拖着疲惫的身体回家……这样的生活有什么快乐？这样的生活有什么意义？不要抱怨工作，如果觉得工作太枯燥，最容易和最简单的办法就是改变一下自己对工作的态度，多投入一些热情。这才是最明智的选择。

有个英国记者到南美的一个部落采访。

这天是个集市日，当地土著都拿着自己的特产到集市上交易。这位英国记者看见一位老太太在叫卖柠檬，虽然并无多少人光顾，但她总是一脸笑容地打量着从她摊前走过的每一个人。记者见老太太一上午也没卖出几个柠檬，便动了恻隐之心，打算把老太太的柠檬全买下来，好让她能高高兴兴地回家。

当这位记者把自己的想法告诉老太太的时候，老太太的话却使记者大吃一惊："都卖给你？那我下午卖什么？"

是啊！我们每个人每天去工作，为的自然是能够赚足够多的钱来贴补自己的生活，但如果因此而变得纯粹为钱去工作，工作自然也会变成生活的一种负担，我们怎能不为之感到厌烦、痛苦？

曾经在美国费城的大楼上立起第一根避雷针，有着"第二个普罗米修斯"之称的富兰克林说过这样的话："我读书多，骑马少；做别人的事多，做自己的事少。最终的时刻终将来临，到那时我但愿听到这样的话，'他活着对大家有益'，而不是'他死时很富有'。"

活着对大家有益，这就是工作赋予我们的意义——如果你能够积极地对待工作，并努力从工作中发掘出自身的价值，你就会像爱迪生、富兰克林或者那位土著老太太一样，发现工作是生命的一种必需，是快乐最大的源泉，而不是一种惹人生厌的苦役。

有一则关于巴顿将军的小故事生动地说明了什么是人生最大的快乐。

巴顿将军驾车去前线鼓舞士气，向众将士问道："什么是人生最大的快乐？"一位士兵回答："被尊重。""那太依赖了。"巴顿将军说。又有一个人说："爱。"巴顿将军笑道："太天真。"接下来的许多人都提出了自己的观点，巴顿将军都一一否定了，最后他提出了自己的答案："被需要。"

快乐的人生就是"被需要"，快乐的工作就是"被需要"，如果我们能以

201

"被需要"为人生最大快乐的心境去工作，那么工作就会变成我们为自己营造的快乐天堂。

有一个叫迈克的青年，在一家汉堡店工作。他每天都工作得很快乐，特别是在煎汉堡的时候，非常用心。许多人对他如此开心感到不可思议，纷纷问他："煎汉堡的工作环境不好，又是件单调乏味的事，到底是为什么让你如此开心地对待这份工作？"

迈克高兴地说："在我每次煎汉堡时，便会想到，如果点这个汉堡的人可以吃到一个精心制作的汉堡，他就会高兴。所以我要好好煎每一个汉堡，使吃汉堡的人能感受到我带给他们的快乐。因此，煎汉堡是我将自己的快乐传染给别人的一种使命，我必须愉快地认真地做好它。"

迈克的回答让许多之前不解的人十分感动，他们将这件事告诉了周围的同事、朋友和亲人，一传十、十传百，越来越多的人来这家店吃汉堡，同时也很想看看"快乐煎汉堡的人"。

总公司很快知道了这件事，便派专人到这家店考察。有感于迈克这种热情积极的工作态度，对他进行了重点培养，并很快升他做了分区经理。

迈克把做好每一个汉堡、让顾客吃得开心，当作自己工作的使命。那么对他而言，这自然是一件很有意义的工作，他工作着也就是快乐着，他工作的快乐也是他人生的快乐。